POLÍTICA CRIMINAL
E DIREITOS HUMANOS

C229p   Canterji, Rafael Braude
        Política criminal e direitos humanos / Rafael Braude Canterji. --
Porto Alegre: Livraria do Advogado Editora, 2008.
        119 p.; 23 cm.

        ISBN 978-85-7348-523-3

        1. Direito penal. 2. Política criminal. 3. Pena. 4. Direitos huma-
nos. I. Título.

CDU – 343.9

        Índices para o catálogo sistemático:
Direitos humanos
Direito Penal
Pena
Política criminal

(Bibliotecária responsável : Marta Roberto, CRB-10/652)

Rafael Braude Canterji

POLÍTICA CRIMINAL
E DIREITOS HUMANOS

livraria
DO ADVOGADO
editora

Porto Alegre, 2008

© Rafael Braude Canterji, 2008

Capa, projeto gráfico e diagramação de
Livraria do Advogado Editora

Revisão
Betina Denardin Szabo

Direitos desta edição reservados por
Livraria do Advogado Editora Ltda.
Rua Riachuelo, 1338
90010-273 Porto Alegre RS
Fone/fax: 0800-51-7522
editora@livrariadoadvogado.com.br
www.doadvogado.com.br

Impresso no Brasil / Printed in Brazil

Aos meus pais, por serem quem são.

Agradecimentos

A publicação do presente livro tem origem na dissertação do mestrado em ciências criminais da Pontifícia Universidade Católica do Rio Grande do Sul. A dedicação para o mestrado, concomitantemente com o início da docência e a vida advocatícia, fizeram com que muitos dos contatos diários ou semanais com familiares e amigos fossem limitados. No entanto, tive a oportunidade de conhecer outras pessoas que hoje também passam a fazer parte do meu rol de amigos, muito mais do que simples colegas de mestrado, docência, advocacia, OAB ou IBCCRIM. Pretendo utilizar este espaço para agradecer a estas pessoas. Se não a todas, pelos menos para algumas representantes dos diversos grupos citados.

À Raquel, quase co-autora do presente trabalho (e da minha vida), por tudo. À Melina, minha irmã, exemplo de lealdade e de determinação. A minha avó, que me ensina diariamente a superar os obstáculos da vida através de sua própria história. Aos tios e primos, na pessoa do Rogério Canterji, pelo carinho de sempre. À família Olchik, na pessoa do capitão Roger.

No decorrer de minha vida acadêmica, muitas críticas ouvi do comportamento dos professores orientadores, principalmente no que se refere à omissão desses. Entretanto, não há espaço para descrever todo meu agradecimento ao sempre sincero professor Doutor Salo de Carvalho, orientador da presente pesquisa, incentivador e amigo. Apesar dele entender que seu prefácio foi eminentemente técnico – e, segundo ele, dificilmente consegue se expressar de forma diversa –, fica uma curta e recíproca frase: grande irmão! Ao Alexandre Wunderlich, que com sua incansável mania de abrir portas, me ligou – eu também tenho ligações marcantes – e insistiu para que eu fizesse a seleção do mestrado, orientando-me no projeto.

No curso de minha vida acadêmica discente, algumas pessoas tiveram importante passagem, entre elas, destaco: José Francisco de Fyschinger, professor de Processo Penal; Jader Marques, orientador do Trabalho de Conclusão de Curso; os professores de Sevilha Joaquín Herrera Flores, David Sánchez Rubio e Álvaro Bravo.

Aos professores Doutores Paulo Vinícius Sporleder de Souza e Luiz Antônio Bogo Chies, por suas contribuições realizada durante a banca examinadora.

Ao professor Doutor Rodrigo Valin de Oliveira, que confiou no jovem de 23 anos para ministrar aulas no Centro Universitário Ritter dos Reis. Agradeço, ainda, aos demais colegas daquela Instituição, nas pessoas dos professores Dani Rudnicki e André Bencke.

Aos meus inquietos alunos que provocaram os meus estudos para poder respondê-los com mais inquietudes.

Ao advogado Nereu Lima, exemplo de profissional, incansável na luta pelas prerrogativas dos Advogados e no respeito à ética profissional.

Aos que auxiliaram no trabalho diário da Advocacia Criminal, na pessoa de Camila Benvenutti.

Aos colegas de turma do Curso de Mestrado, grandes pessoas, que ensinaram a superar as adversidades do angustiante caminho com bom humor.

Aos atenciosos Walter e Janar, representantes da Livraria do Advogado, e ao amigo Daniel Gerber, incentivador no encaminhamento da pesquisa à editora. À professora Adriana Selau Gonzaga, pela dedicação na revisão do presente texto.

Aos verdadeiros amigos, por serem simplesmente Amigos.

Aos leitores, serei eternamente grato por seus comentários críticos, possibilitando, através do diálogo, o crescimento de todos.

Forte abraço,

Rafael Braude Canterji

canterji@rafaelcanterji.adv.br

Verdade

(Carlos Drummond de Andrade)

A porta da verdade estava aberta,
mas só deixava passar
meia pessoa de cada vez.

Assim não era possível atingir toda a verdade,
porque a meia pessoa que entrava
só trazia o perfil de meia verdade.
E sua segunda metade
voltava igualmente com meio perfil.
E os meios perfis não coincidiam.

Arrebentaram a porta. Derrubaram a porta.
Chegaram ao lugar luminoso
onde a verdade esplendia seus fogos.
Era dividida em metades
diferentes uma da outra.

Chegou-se a discutir qual a metade mais bela.
Nenhuma das duas era totalmente bela.
E carecia optar. Cada um optou conforme
seu capricho, sua ilusão, sua miopia.

Prefácio

O marco referencial das ciências criminais da Modernidade é, inegavelmente, a obra *Dos Delitos e das Penas*. Beccaria não apenas harmoniza as ciências criminais com a filosofia política do contratualismo, como delineia a estrutura de princípios que será base do direito penal, do direito processual penal, da criminologia e da política criminal humanista em seu confronto inesgotável contra a inquisitorialidade das agências de punitividade.

No entanto, se havia no discurso da Ilustração a necessidade de formação de modelo global de ciências criminais, pois somente a integração possibilitaria potencializar forças para enfrentar a máquina inquisitória, no final do século XIX, com a colonização do direito penal pela nascente criminologia (positivismo etiológico), foi provocada a primeira ruptura no projeto dos penalistas do Iluminismo.

Com a entrada em cena do *homo criminalis* a criminologia é autonomizada, induzindo readequação do quadro geral das ciências criminais. A (re)organização foi pensada a partir de dois modelos ideais. Franz Von Liszt (Alemanha) e Arturo Rocco (Itália) serão os responsáveis pela sistematização e reintegração das matérias penal, criminológica e político-criminal.

Ocorre que no novo modelo a investigação criminológica restou reduzida ao local da auxiliaridade. Outrossim, o *processo penal*, em decorrência do desenvolvimento da teoria geral do processo, foi integrado e remetido a outra esfera de saber, alheia à discussão penal, criminológica ou político-criminal, e dependente da matriz e das bases fornecidas pelo direito processual civil.

As versões de Liszt e de Rocco, que moldaram a forma de proceder ciência criminal no século XX, privilegiaram o saber dogmático e formal, centrando o enfoque do debate no direito penal, sobretudo na teoria do delito.

A fragmentação entre direito penal, direito processual penal, criminologia e política criminal ofuscou a visão integrada do funcionamento do aparato persecutório, abrindo lacunas pelas quais brotam renovadas formas de inquisitorialidade. Não por outro motivo é possível afirmar que o discurso garantista produz apenas ranhuras ou diminui a intensidade da potência inquisitiva.

O livro de Rafael Braude Canterji, fruto de sua Dissertação no Mestrado em Ciências Criminais da Pontifícia Universidade Católica do Rio Grande do Sul, procura, no primeiro momento, verificar os distintos discursos de sustentação do direito penal e do processo penal e as suas conseqüências político-criminais.

Alerta o autor, com precisão, que na atualidade a reconstrução do projeto integrado de ciências criminais está sendo pautada pela orientação fortemente autoritária dos princípios norteadores do direito penal do inimigo, que forja a relegitimação teórica de modelos penais de autor. Assim, é demasiado ingênuo pensar que os postulados dogmáticos (científicos) dos autores que comungam deste modelo (político) estejam imunizados, isentos de qualquer contaminação inquisitória, como se Barões de Münchhausen que através de golpe magnífico retiram-se do pântano ao puxar os próprios cabelos.

Após o preciso diagnóstico, intenta reconstruir o modelo integrado a partir dos Direitos Humanos, entendidos sobretudo como limite à intervenção punitiva, pois ciente das limitações das ciências criminais em sua tutela.

A obra, portanto, é de inestimável valor, e sua leitura fundamental para que se compreenda como é possível instrumentalizar e potencializar as garantias sem incorrer em idealizações.

Por fim, importante dizer que Rafael Braude Canterji integra grupo de operadores do direito que têm consciência de que só há possibilidade de mudança no triste quadro das políticas repressivas autoritárias brasileiras com a sintonia entre o saber acadêmico e o fazer profissional. E esta dupla militância permite que eu possa desfrutar do agradável convívio com Rafael, atestar sua honestidade intelectual e seu compromisso profissional com a ética, ingredientes que me permitem chamá-lo de irmão.

Porto Alegre, primavera de 2007.

Salo de Carvalho

Advogado Criminal.
Mestre (UFSC) e Doutor (UFPR) em Direito.
Professor do PPGCRIM da PUCRS.

Sumário

Apresentação do autor (Alexandre Wunderlich) 15

Introdução 19

PARTE I
Fundamentos dos modelos tradicionais de ciências penais integradas

1. Legitimação intradogmática do modelo integrado 25
   1.1. Discursos de sustentação do direito penal material 25
      1.1.1. Bem jurídico: construção dogmática 25
      1.1.2. Funções atribuídas à pena 28
         1.1.2.1. Teoria absoluta ou retributivista 29
         1.1.2.2. Teoria relativa ou prevencionista 31
            1.1.2.2.1. Prevenção geral 32
            1.1.2.2.2. Prevenção especial 33
         1.1.2.3. Teoria mista 35
   1.2. Discursos de sustentação do processo penal: segurança pública e verdade 37
      1.2.1. Processo Penal e segurança pública 37
      1.2.2. Verdade e atuação judicial 38

2. Conseqüências político-criminais dos discursos legitimadores 41
   2.1. Distinções conceituais: intervenção máxima e direito penal máximo 41
   2.2. Discursos de sustentação extradogmático do modelo integrado de ciências penais . 43
      2.2.1. O movimento de lei e ordem 43
      2.2.2. A política de janelas quebradas (tolerância zero) e a relação com o
      movimento de lei e ordem 44
      2.2.3. Variável: a esquerda punitiva 48

3. Direito penal do inimigo: novos elementos de refundação do modelo integrado
   repressivista 51

PARTE II
Crítica e refundação dos modelos integrados de ciências penais

Introdução 61
1. Pressuposto constitucional: Estado de Direito 63

2. Modelos integrados de ciências penais e respeito aos direitos humanos 67
3. Crítica aos discursos de legitimação interna do direito penal: teoria agnóstica e
redução de danos 75
   3.1. O (falacioso) discurso sobre a missão do direito penal 75
   3.2. O potencial maximizador das teorias da pena e a perspectiva agnóstica 82
      3.2.1. Pena: entre a ciência política e a jurídica 89
4. Processo penal como instrumento de garantias 93
5. Crítica aos fundamentos extradogmáticos de intervenção . . . . , . 99
   5.1. (In)eficácia do modelo de política criminal repressivista no controle da
criminalidade: cifras ocultas e aumento da violência penal 99
   5.2. Tensão entre direito penal mínimo e direito penal máximo 105

Conclusão 111

Referências bibliográficas 115

Apresentação do autor

CRUZANDO A BRECHA ENTRE O DESEJO E O MUNDO

Há alguns anos recebi um telefonema de um jovem acadêmico de direito da Faculdade Ritter dos Reis. Convidava-me para falar num seminário sobre reformas penais e processuais penais, junto de outros nomes da escola transdisciplinar de criminologia formada aqui no sul. Ao telefone, o tratamento era distante e doutoral. Aceitei o convite, um pouco pela amizade nutrida pelos docentes da Ritter dos Reis, muitos deles egressos do Programa de Pós-graduação em Ciências Criminais da PUCRS, e um tanto quanto pelo que o acadêmico me dizia, falando sobre a necessidade do debate e da fundamental importância da presença de membros do !TEC, Instituto Transdisciplinar de Estudos Criminais, no evento. Foi assim que tive o meu primeiro contato com o Rafael Braude Canterji.

Chamou minha atenção o interesse intelectual e a facilidade com que ele falava sobre os temas emergentes das ciências criminais. Mesmo distante, em conversa ao telefone, percebi que Rafael tinha "algo de igual", e que estava comprometido com o Estado Democrático, pois tinha sua formação jurídica forjada pós Constituição da República de 1988. Talvez pela experiência e/ou sensibilidade daqueles que, por ofício, passam anos a fio escutando pessoas, para serem seus porta-vozes no processo e na própria vida, senti que Rafael tinha um desejo gigante de seguir no estudo das ciências criminais, de ser professor e de advogar. Tudo numa só conversa. Tinha, e tem ele, uma paixão anunciada por um verdadeiro "coração denunciador", perceptível à primeira conversa.

Desde o primeiro momento, "Rafael prometia", dizia o Professor Jader Marques. Um jovem estudante de direito que agregava professores para um evento jurídico-criminal relevante. Tinha desde sempre – e depois vi que isso vem do berço familiar –, três traços que o fazem, hoje, um criminalista singular, humildade, honestidade e ética.

POLÍTICA CRIMINAL E DIREITOS HUMANOS

Foi assim que Rafael cursou o Programa de Pós-graduação em Ciências Criminais da PUCRS, com seu modo-de-ser, com seriedade acadêmica invulgar, dedicação e com entusiasmo e carisma invejáveis. Primeiro, cursou a especialização em ciências penais, depois o mestrado em ciências criminais, que lhe rendeu como fruto a dissertação que ora é publicada em forma de livro, bem orientada pelo Prof. Dr. Salo de Carvalho.

Então, em dois pares de anos, o jovem acadêmico preparou-se e virou mestre, professor homenageado e palestrante em diversos eventos do sul do país. Mas não é só. Na caminhada da pós-graduação, tive a grata notícia de que o Rafael Canterji estava trabalhando no Escritório do Advogado Nereu Lima, um dos mais respeitáveis criminalistas do país, fonte de inspiração da nova geração de criminalistas gaúchos, por quem tenho profunda admiração e respeito.

Isso explica a carreira meteórica do Professor e do Advogado Rafael Braude Canterji. Cursou especialização e mestrado no mais destacado Programa de Pós-graduação em Ciências Criminais, sendo orientado por um grande penalista, e advogou com um dos proeminentes advogados criminais.

Rafael semeou e plantou. E, hoje, após muita dedicação e empenho, vem colhendo os frutos de seu plantio. É como um pouco do envelhecer do poeta Mario Quintana: *"Antes, todos os caminhos iam. Agora, todos os caminhos vêm..."*. Rafael cruzou a brecha entre o desejo e o mundo, acreditou na utopia possível e fez do sonho sua realidade. É professor universitário, coordenador da pós-graduação em direito penal e processo penal – UNIRITTER/IBCCRIM, atual Diretor Administrativo-financeiro da Escola Superior de Advocacia da OAB/RS e coordenador região sul do IBCCRIM, Instituto Brasileiro de Ciências Criminais. Então, a obra que ora recebe publicidade por meio da prestigiada Livraria do Advogado é mais um dos frutos de seu plantar, mais um de seus desejos que se torna (merecidamente) realidade.

Já tive a oportunidade de dizer que tenho profundo respeito por Advogados militantes que deixam temporariamente suas práticas diárias e retornam à academia ou, ainda, os que nela prosseguem os estudos ingressando na pós-graduação, como é o caso do Rafael. Reconheço nessas pessoas, talvez por minha militância política na OAB/RS, o papel de destaque que eles têm dentro da classe, uma função de difusores de idéias e teses acadêmicas no dia-a-dia forense. É como se estivessem com um pé na dura realidade forense e com outro na universidade. Essa militância dupla serve de húmus, de terra fértil para o processo de diminuição da distância existente entre a desalentadora jurisprudência produzida pelos Tribunais e a produção científica que vem da Academia.

Mas, além disso, Rafael é um humanista, inquieto e irresignado com a caótica situação do sistema criminal. Na obra, busca reconstruir o sistema a partir do marco fundamental dos direitos humanos, fundamentalmente a partir do garantismo e da teoria crítica dos direitos humanos que vem da Escola de Sevilla, onde Rafael não poupou esforços para ir pesquisar e buscar subsídios para sua investigação.

Por essas razões, é uma honraria apresentar o autor, que admiro como docente e, sobretudo, como Advogado. O Rafael Braude Canterji é mais um representante da Escola de Criminologia que surgiu no Rio Grande Sul com o nascimento do PPGCRIM da PUCRS e do !TEC, Instituto Transdisciplinar de Estudos Criminais. Combativo Advogado criminal e crítico professor de direito penal e criminologia, encontrou seu espaço, e que siga, com a presente publicação e com seu trabalho, levando, diuturnamente, o debate acadêmico à porta da Justiça Criminal. A obra deve ser lida e apreciada por todos aqueles que querem retirar os véus do discurso hipócrita que tem pautado o sistema de justiça criminal nas últimas décadas.

Na beira do Guaíba, primavera de 2007.

Alexandre Wunderlich

Advogado Criminal.
Diretor-Geral da Escola Superior de Advocacia da OAB/RS.
Prof. Coord. do Dep. de Direito Penal e Processual Penal e
do Pós-graduação em Direito Penal Empresarial da PUCRS.

Introdução

O presente livro analisará a existência de um modelo integrado de Ciências Penais, o qual pode ser conceituado como a reunião funcional das Ciências Penais, mantendo-se cada uma com a sua autonomia metodológica. Posteriormente, serão identificadas as conseqüências político-criminais do modelo eleito.

A intrigante questão é se este modelo e se as suas conseqüências na política criminal constituem-se em parte responsável pela efetivação da tutela dos Direitos Humanos, sendo esses essenciais ao Estado Democrático de Direito. Caso a resposta seja afirmativa, haveria de se verificar se os pressupostos deste modelo integrado estão adequados às funções do Direito Penal e do Processo Penal, já que, sendo identificada outra interpretação, ter-se-ia outra análise político-criminal.

Deve-se deixar expresso, desde este momento introdutório, que se acredita que é o modelo integrado de Ciências Penais – independentemente do seu conteúdo – que traçará a política criminal adotada pelo Estado. Não se pode aceitar que o contrário se imponha, ou seja, a política criminal determinando as funções das Ciências Penais. Inclusive, entendemos ser a política criminal legislativa a consequência dos princípios e dos fundamentos do Direito Penal Material e Processual.

A relevância do texto concentra-se justamente neste ponto, eis que se apresenta um modelo de Ciências Penais aceito por grande parte da doutrina, da jurisprudência e também no âmbito político. Neste sentido, deve-se verificar, como foi referido, quais são as conseqüências deste modelo e, também, se os seus pressupostos estão corretos.

Com a análise crítica desses pressupostos, poder-se-á identificar um novo modelo integrado e quais seriam as suas conseqüências na política criminal. Restará, então, optar conforme os pressupostos e as prováveis conseqüências políticas de cada modelo, identificando aquele que está mais direcionado à tutela dos Direitos Humanos.

O livro está dividido, para a sua melhor compreensão, em duas partes, sendo que, na primeira, o modelo integrado de Ciências Penais tradicionalmente estudado será apresentado bem como as suas conseqüências na política criminal. Na segunda parte, serão abordados os temas desenvolvidos na primeira, entretanto, de forma crítica, visando à adequação ao Estado Democrático de Direito e à alteração na política criminal para que essa esteja adequada à tutela efetiva dos Direito Humanos.

Em ambas as partes do trabalho existe uma divisão entre as análises intra e extradogmáticas. Trata-se, no primeiro momento, de analisar a dogmática, vista como a programação da ciência do Direito Penal e do Processo Penal, com o respectivo conteúdo das normas e a sua compatibilidade com os princípios constitucionais. No segundo momento, faz-se uma análise externa à dogmática, verificando-se os conteúdos criminológicos e políticos. Isto porque, nas palavras de Nelson Hungria, *a autêntica ciência Jurídico-Penal não pode ter por objeto a indagação experimental em torno ao problema da criminalidade, mas tão-somente a construção do Direito Penal através de normas legais".*[1] Contudo, não podemos afirmar que se trata de dois mundos distintos e sem relação entre si. É importante consignar que se entende por dogmática jurídica uma ciência de caráter prático, não se limitando a uma ciência do conhecimento em sentido estrito.[2] Vera Regina Pereira Andrade, ao interpretar Luhmann e Baratta, apresenta uma importante função da dogmática jurídica, em relação à sua função diante das práticas legislativas e judiciais:

> Precisamente configurando-se como um saber conceitual, vinculado ao Direito posto, é que ela pode instrumentalizar-se a serviço da ação (decidibilidade), estando interpelada a cumprir uma função central neste processo, qual seja, o de assegurar um nível de comunicação mínimo entre as decisões da instância judicial e a programação da instância legislativa, provendo o instrumental conceitual adequado e necessário para converter as decisões programáticas do legislador nas decisões programadas do juiz.[3]

Desta forma, resta evidente que se verifica uma necessária relação entre os aspectos intra e extradogmáticos e a conseqüente importância do aspecto intradogmático na atuação prática, tanto no aspecto político como no judicial.

---

[1] HUNGRIA, Nelson. *Comentários ao Código Penal*. v. 1. t. 1. Rio de Janeiro: Forense, 1958, p. 97.

[2] ANDRADE, Vera Regina Pereira. *Dogmática jurídica:* esboço de sua configuração e identidade. 2. ed. Porto Alegre: Livraria do Advogado, 2003, p.112.

[3] Ibid., p. 78-79.

Mais detalhadamente, na primeira parte procurar-se-ão identificar as funções do Direito Penal e do Processo Penal e a relação que este modelo cria entre essas ciências, sem que cada uma perca a sua metodologia autônoma. Posteriormente, verificar-se-ão os discursos político-criminais legitimadores das funções atribuídas ao Direito Penal e ao Processo Penal. Neste momento, após a identificação, algumas críticas a esses discursos serão apresentadas. Finalizando esta primeira parte da pesquisa, será apresentado um novo modelo de Ciências Penais, recentemente estruturado – apesar de seus ideais serem antigos –, chamado Direito Penal do Inimigo, o qual caminha em paralelo com os discursos de política criminal repressivista apresentados no segundo item da primeira parte, porém com algumas características próprias. É possível afirmar que se está diante de um modelo repressivista com autonomia capaz de determinar funções ao Direito Penal e ao Direito Processual Penal. Independententemente dos pressupostos, em ambas as situações – nos movimentos de política criminal repressivistas e no Direito Penal do Inimigo –, pode ser identificado um discurso que vai de encontro aos Direitos Humanos, base estrutural do Estado Democrático de Direito.

Na segunda parte do livro, faz-se uma introdução em relação ao modelo de Estado vigente, qual seja, o Estado Democrático de Direito, que apresenta características distintas do modelo de Estado de Polícia. Trata-se de necessária introdução, já que todos os conceitos que serão pesquisados e desenvolvidos devem ser compatíveis com os princípios reitores deste modelo de Estado. Após, iniciar-se-á uma análise do Direito Penal e do Processual Penal, desde o discurso apresentado na primeira parte da pesquisa, traçando uma perspectiva crítica àquele posicionamento, ao se apresentar uma nova função adequada aos princípios reitores do Estado Democrático de Direito. Em uma seqüência lógica, semelhante à utilizada na primeira parte da pesquisa, analisar-se-á a ineficácia dos modelos de política criminal apresentados anteriormente bem como a sua incompatibilidade com o Estado Democrático de Direito; na seqüência, será identificado o discurso elaborado, tendo por base as funções de Direito Penal e de Processo Penal apresentadas como compatíveis com o modelo de Estado vigente no Brasil.

O discurso de política criminal deve ir ao encontro da tutela dos Direitos Humanos, os quais, como já foi referido, integram incondicionalmente o Estado Democrático de Direito. No final, apresentando-se a teoria crítica dos Direitos Humanos, pretende-se demonstrar a importância não somente do respeito a esses Direitos como também a criação de mecanismos que os assegurem. Isso acarreta, inclusive, um pensar penal e processual penal a partir do respeito aos Direitos Humanos, sendo aqueles ramos instrumentos capazes de propiciar a efetiva tutela desses.

POLÍTICA CRIMINAL E DIREITOS HUMANOS

Parte I

Fundamentos dos modelos tradicionais de ciências penais integradas

1. Legitimação intradogmática do modelo integrado

Criou-se um modelo integrado de Ciências Penais a partir do qual são estabelecidas as concretas funções do Direito Penal, do Processo Penal e da política criminal, ocorrendo a legitimação interna e externa do modelo. Relacionam-se os estudos dogmáticos do Direito e do Processo Penal, permitindo-se que a partir dos seus resultados seja justificada a política criminal adotada pelo Estado.

Este modelo integrado de Ciências Penais tem origem em Franz von Liszt, sendo formulado em torno de 1886. Significa uma reunião funcional das Ciências Penais, procurando englobá-las em um quadro unitário e harmonioso, destacando-se que cada ciência manteria a sua autonomia metodológica.[4]

Nesta primeira parte, serão apresentados os tradicionais pensamentos dogmáticos que sustentam esse modelo; ao final, a política criminal que se utiliza desses conceitos como sustentáculo de suas ações concretas. Por derradeiro, caminhando no mesmo sentido, mas em um discurso paralelo, será apresentado nova ideologia que apresenta "novos" para modelo integrado repressivista.

1.1. DISCURSOS DE SUSTENTAÇÃO DO DIREITO PENAL MATERIAL

1.1.1. Bem jurídico: construção dogmática

O estudo do bem jurídico deve ser feito em cotejo com a identificação das funções do Direito Penal, possuindo relevância a que se refere à idéia

---

[4] ANDRADE, Vera Regina Pereira de Andrade. *A ilusão de segurança jurídica:* do controle da violência à violência do controle penal. Porto Alegre: Livraria do Advogado, 1997, p. 92-95.

de tutela do bem jurídico. Historicamente, tendo por base o conceito de crime como sendo uma lesão de direito subjetivo, Feuerbach demonstrou que em todo preceito penal existe um direito subjetivo protegido. Entretanto, o dano ao bem jurídico transforma-se, de requisito, em missão do Direito Penal, ou melhor, a evitabilidade da lesão ao direito do ofendido passa a ser a sua função.

Franz von Liszt afirma, inclusive, que todo direito existe para proteger os interesses da vida humana, e esses interesses são chamados de bem jurídico a partir do momento em que ocorre a previsão legal.[5][6] Hans Welzel conceitua bem jurídico como *um bem vital do grupo ou do indivíduo, que, em razão de sua significação social, é amparado juridicamente.*[7] Assevera, inclusive, que a pena é um instrumento na busca da efetividade da missão do Direito Penal:

> Se a missão do direito é a tutela de interesses humanos, a missão especial do direito penal é a reforçada proteção de interesses, que principalmente a merecem e dela precisam, por meio da cominação e da execução da pena como mal infligido ao criminoso.[8]

Hans Welzel é categórico ao declarar que *é missão do Direito Penal amparar os valores elementares da vida da comunidade.*[9] Frisa-se que a tutela do bem jurídico será alcançada através da cominação de uma pena para o autor da conduta que possa causar lesão ao referido bem. Em outras palavras, *a missão central do Direito Penal reside, então, em assegurar a valia inviolável desses valores, mediante a ameaça e a aplicação de pena para as ações que se apartam de modo realmente ostensivo desses valores fundamentais no atuar humano.*[10]

Hans Heimich Jescheck inicia a sua exposição sobre a missão do Direito Penal, considerando ser esse um dos ramos existentes na busca do efetivo controle social. Esse braço do Direito seria o mais propício para assegurar a ordem jurídica, visto que, diferentemente dos demais, tem a

---

[5] LISZT, Franz von. *Tratado de Direito Penal allemão*. Prefácio de Edson Carvalho Vidigal, Trad. de José Hygino Duarte Pereira. Ed. fac-sim, Brasília: Senado Federal, Conselho Editorial: Superior Tribunal de Justiça, 2006, p. 93-94.

[6] Neste mesmo sentido, JESCHECK: "Estos valores se convierten en bienes jurídicos gracias a su incorporación a la esfera de proteción del orden jurídico". JESCHECK, Hans Heinrich. *Tratado de Derecho Penal*: parte general. Trad. de Santiago Mir Puig e Francisco Muñoz Conde. v.1. Barcelona: BOSCH; Casa Editorial S. A., 1981, p. 10.

[7] WELZEL, Hans. *Direito Penal*. Trad. de Afonso Celso Rezende. Campinas: Romana, 2004, p. 32.

[8] LISZT, 2006, op. cit., p. 98.

[9] WELZEL, 2004, op. cit., p. 27.

[10] Ibid., p. 28-29.

pena como conseqüência.[11] Todavia, fica evidente no pensamento do autor alemão que a utilização do Direito Penal como forma coercitiva deve ocorrer em última instância, sendo, ainda, posto como indispensável o respeito às garantias constitucionais. Verifica-se, desde já, que a pena, para referido autor, possui função preventiva e repressiva e ambas teriam o mesmo objeto final, ou seja, a proteção do bem jurídico.[12]

Seguindo a linha dos demais autores referidos, Johannes Wessels refere que o Direito Penal apresenta a missão de proteger bens jurídicos, corroborando com Hans Heinrich Jescheck, ao dizer que:

> A tarefa do Direito Penal consiste em proteger os valores elementares da vida comunitária no âmbito da ordem social e garantir a manutenção da paz jurídica.[13]

Jorge de Figueiredo Dias, apesar de reconhecer que a noção de bem jurídico não pode ser determinada com nitidez e segurança, definiu-o como *uma expressão de um interesse, da pessoa ou da comunidade, na manutenção ou integridade de um certo estado, objeto ou bem em si mesmo socialmente relevante e por isso juridicamente reconhecido como valioso.*[14]

Dentre os doutrinadores brasileiros, Luiz Luisi enfatiza que *os bens jurídicos estão na base da criação dos tipos penais. Esta resulta da necessidade de proteção daqueles bens indispensáveis ao convívio ordenado dos homens.*[15] Fica demonstrado, desta forma, que esses autores entendem que, com a tipificação do homicídio, o Direito Penal está tutelando a vida dos cidadãos, por exemplo. Em outras palavras, a tipificação visa proteger o bem jurídico atingido com a conduta humana.

Por sua vez, Francisco de Assis Toledo, após frisar que o Direito Penal possui como uma de suas missões a tutela de bens jurídicos,[16] entende que *bens jurídicos são valores ético-sociais que o Direito seleciona, com o objetivo de assegurar a paz social, e coloca sob sua proteção para que não sejam expostos a perigo de ataque ou a lesões efetivas.*[17]

---

[11] JESCHECK, 1981, op. cit., p. 4-5.

[12] Ibid., p. 6-9.

[13] WESSELS, Johannes. *Direito Penal* (aspectos fundamentais). Trad. de Juarez Tavares. Porto Alegre: Sergio Antonio Fabris Editor, 1976, p. 3.

[14] FIGUEIREDO DIAS, Jorge de. *Questões fundamentais do Direito Penal*. São Paulo: Revista dos Tribunais, 1999, p. 62-63.

[15] LUISI, Luiz. *O tipo penal e a teoria finalista da ação*. Dissertação apresentada à Faculdade de Direito da Universidade do Rio Grande do Sul para a livre docência da carreira de Direito Penal. Composto e impresso na Gráfica Editora A Nação S.A. Porto Alegre, p. 54. s.d.

[16] TOLEDO, Francisco de Assis. *Princípios básicos de Direito Penal*. 5. ed. São Paulo: Saraiva, 1994, p. 6.

[17] Ibid., p. 16.

Neste sentido, José Frederico Marques relaciona os conceitos de bem jurídico e de função protetora do Direito Penal. Resta evidente, deste modo, que um conceito decorre do outro.[18] [19] Paulo Vinícius Sporleder de Souza, referindo-se, também, ao pensamento de outros autores, chega a afirmar que a proteção de bens jurídicos é *indiscutivelmente* a finalidade basilar do Direito Penal.[20]

Não é interesse da presente pesquisa identificar quais são os critérios que levariam determinado bem jurídico a ser "tutelado" pelo Direito Penal, mas sim demonstrar a sua importância, através da análise dos autores clássicos e de seus entendimentos a respeito da função da ciência em apreço. Parte-se, então, da idéia de que a missão do Direito Penal é, entre outras, a de tutelar o bem jurídico, buscando identificar o conceito integrado de Ciências Penais.

1.1.2. Funções atribuídas à pena

Quando se tentou apresentar a missão do Direito Penal, ficou latente o intrínseco relacionamento da tutela do bem jurídico com a pena. Como bem exemplificou Nilo Batista, *um iniciante estaria tentado a considerar até que os fins do Direito Penal e os fins da pena habitam na mesma casa, porém os primeiros, na sala de visitas, e os segundos, na cozinha.*[21] A lei penal pode ser diferenciada das demais justamente pela existência de uma pena.[22] A maior parte dos doutrinadores e das legislações apresenta – ainda que em que pese através de diversas teorias – definições positivas da pena, em outras palavras, funções concretas para a sua existência. Independentemente das teorias, fica clara a intenção de manter a ordem

---

[18] "Os fatos sociais que, como expressão da vida humana, encarnam para o legislador, atentados aos valores que precisam da tutela penal, são transfundidos nos preceitos das normas incriminadoras, porquanto a lei, ao definir como delituosa determinada conduta, tem por objetivo assegurar um interesse relevante para a comunhão social". MARQUES, José Frederico. *Tratado de Direito Penal*. v. 2. Campinas: Bookseller, 1997, p. 23.

[19] No mesmo sentido, afirma MUÑOZ CONDE: "(...) parece-me preferível uma teoria preventiva intimidatória que mostra autêntica a face do Direito Penal como sistema de disciplinamento das pessoas e proteção de determinados interesses". MUÑOZ CONDE, Francisco. *Direito Penal e controle social*. Trad. de Cíntia Toledo Miranda Chaves. Rio de Janeiro: Forense, 2005, p. 107.

[20] SOUZA, Paulo Vinícius Sporleder de. *Bem jurídico-penal e engenharia genética humana:* contributo para a compreensão dos bens jurídicos supra-individuais. São Paulo: Revista dos Tribunais, 2004, p. 38.

[21] BATISTA, Nilo. *Introdução crítica ao Direito Penal brasileiro*. 5. ed. Rio de Janeiro: Revan, 2001, p. 112.

[22] ZAFFARONI, Eugenio Raúl. *Em busca das penas perdidas:* a perda da legitimidade do sistema penal. 5. ed. Rio de Janeiro: Revan, 2001, p. 202.

jurídica, sendo essa a condição fundamental para a convivência humana na comunidade.[23]

É relevante verificar, relacionando a pena com o bem jurídico, que, para que o papel atribuído ao Direito Penal seja alcançado, ou seja, a fim de que efetivamente esse ramo do Direito consiga tutelar o bem jurídico, torna-se indispensável a existência de uma pena como medida repressora. Como bem destacou Hans Heinrich Jescheck, atribui-se essa relevante função ao Direito Penal e não a outro ramo do Direito, pela existência de pena. E como asseverou Hans Welzel, a função do Direito Penal é alcançada mediante a aplicação da sanção.

Independentemente das teorias justificadoras a serem adotadas, é importante frisar que a pena é *um juízo de desvalor ético-social de caráter público que recai sobre o delinqüente por ter cometido uma infração jurídica*. Neste sentido, discordando da visão positiva da pena, Hans Hirinch Jescheck afirma que essa *tiene un acento negativo y por ello siempre el caráter de mal, aunque em última instancia deba beneficiar al condenado.*[24]

São diversas as funções já atribuídas às penas. Algumas delas constituíram, inclusive, escolas, podendo ser classificadas em absolutas (retributivistas), relativas (utilitaristas ou prevencionistas) e mistas. De acordo com Basileu Garcia, *três lemas indicam-lhes a essência: pune-se porque pecou; pune-se para que não peque; pune-se porque pecou e para que não peque.*[25]

1.1.2.1. Teoria absoluta ou retributivista

A teoria conhecida como teoria absoluta ou retributivista considera a pena como forma de retribuir o mal causado pelo autor da lesão ao bem jurídico *tutelado pela norma penal*. Assim como a teoria da prevenção especial negativa, a teoria retributivista também reconhece a pena como mal, porém justo – previsto em lei e proporcional à lesão causada – ao sujeito que praticou outro mal, sendo esse mal injusto.[26]

Immanuel Kant deixou claro o ideal da teoria retributivista ao entender que, mesmo que a sociedade voluntariamente se dissolvesse, o último

---

[23] JESCHECK, 1981, op. cit., p. 90.

[24] JESCHECK, 1981, op. cit., p. 91.

[25] GARCIA, Basileu. *Instituições de Direito Penal*. v. 1. t. 1. 4. ed. São Paulo: Max Limonad, 1975, p. 66.

[26] De acordo com Aníbal Bruno: *"trata-se de um mal justo que a ordem de Direito opõe à injustiça do mal praticado pelo delinqüente"*. BRUNO, Aníbal. *Das penas*. Rio de Janeiro: Editora Rio, 1976, p. 13.

assassino que se achasse em prisão deveria ser executado, a fim de que cada um receba a retribuição que reclame a sua conduta.[27]

Franz von Liszt identifica na pena o mal a que se submete o delinqüente em razão do delito cometido. Neste sentido, apresenta a diferença entre a indenização e a pena, partindo da idéia de que a indenização repara a lesão, ao passo que a pena abre nova ferida, garantindo a manutenção da ordem jurídica.[28] Verifica-se, desde já, que a pena tem por objetivo limitar os bens do infrator, sendo essa a forma pela qual o Estado mantém a ordem jurídica.

A pena, segundo tal corrente, estaria justificada desde que fosse uma retribuição justa, *ou seja, salvaguardando uma graduação homogênea da gravidade das penas.*[29] [30] Sabe-se que toda espécie de sanção causa danos a bens do infrator;[31] entretanto essa ideologia poderia levar a lesões a Direitos Fundamentais indisponíveis, como ocorreu quando vigorou a conhecida Lei de Talião em que as respostas eram dadas na mesma medida do ataque praticado pelo autor do delito.[32] As punições, nestes casos, poderiam acarretar a aplicação da pena capital, inclusive.

Apesar de ser este o entendimento de Immanuel Kant,[33] não se pode confundir a teoria retributivista com a suposta função da pena como possibilidade de expiação pelo condenado do mal por ele causado.[34] Entende o autor, ainda, que o objetivo da pena é o restabelecimento da ordem moral.

Como lembra Basileu Garcia, tal teoria é *a primeira das teorias sôbre a pena, porque, latente em tôdas as coletividades humanas, coincide com o próprio sentimento popular em revolta contra os atos dos criminosos* (sic).[35] José Frederico Marques resume o ideal dessa teoria:

---

[27] KANT apud CARVALHO, Salo de. *Pena e garantias.* 2. ed. rev. e atual. Rio de Janeiro: Lumen Juris, 2003 b, p. 121.

[28] LISZT, 2006, op. cit., p. 400.

[29] WELZEL, 2004, op. cit., p. 331.

[30] No mesmo sentido, ver JESCHECK, 1981, op. cit., p. 93.

[31] Heleno Cláudio Fragoso conceitua pena como sendo a perda de bens jurídicos imposta pelo órgão da Justiça a quem comete crime. FRAGOSO, Heleno Cláudio. *Lições de Direito Penal:* parte geral. Rio de Janeiro: Forense, 2003, p. 348.

[32] Apesar de apresentar significativas diferenças com a Lei de Talião, Hegel constitui-se um defensor desta teoria. HEGEL, G. W. F. *Princípios da filosofia do direito.* São Paulo: Martins Fontes, 1997, p. 90-93.

[33] KANT apud SILVESTRONI, Mariano H. *Teoría constitucional del delito.* Buenos Aires: Editores Del Puerto, 2004, p. 26.

[34] JESCHECK, 1981, op. cit., p. 93.

[35] GARCIA, 1975, op. cit., p. 74.

O Estado pune e castiga porque houve uma conduta humana reprovável que atentou contra os valores primordiais e básicos da convivência social. As sanções extrapenais são insuficientes, em tal caso, para a reparação do mal praticado, e por isso o Estado reage com mais energia e maior rigor, para impor ao delinqüente a punição merecida.[36]

1.1.2.2. Teoria relativa ou prevencionista

A teoria prevencionista entende que a pena atua como forma preventiva dos crimes, ao se tornar *uma necessidade social, no fim de manutenção e segurança da ordem de Direito, pela prevenção do crime.*[37] Winfried Hassemer apresenta com nitidez uma relevante diferenciação entre as teorias absolutas e as teorias relativas da pena:

> As teorias absolutas praticamente não entram em contato com a realidade imperfeita, elas somente a valoram e lhe atribuem sentido. As teorias relativas sempre se voltam à realidade; elas não podem se livrar da questão se a pena exerce ou não os seus efeitos preventivo geral ou preventivo especial sobre a realidade imperfeita: se a pena realmente "soluciona" os casos jurídico-penais.[38]

Trata-se de concepção utilitarista da pena, não significando, aqui, uma necessidade em si mesma, como forma de realização da Justiça, mas sim um *instrumento preventivo de garantia social para evitar a prática de delitos futuros.*[39] Conforme Hans Welzel, *estas teorias podem explicar a necessidade estatal e o modo de ação da pena, mas não podem justificá-la nem diferenciá-la de outras medidas sociais de proteção.*[40] O foco do Estado estaria direcionado à periculosidade de seus cidadãos, atacando a inclinação criminosa de cada um com a aplicação de uma pena.[41] Enfim, *essas diferentes funções se ligam à afirmação de que a pena é útil.*[42] Neste sentido, são duas as formas de atuação: a prevenção geral e a especial; cada uma delas é subdividida em negativa e positiva.

Parte-se, nesta teoria, de três pressupostos, a saber:

> El primero es la posibilidad de poder hacer, con la suficiente seguridad, un prognóstico del comportamiento humano futuro. El segundo es que la pena se adecue a la

---

[36] MARQUES, José Frederico. *Tratado de Direito Penal.* v. 3. Campinas: Millennium, 1999, p. 139.

[37] BRUNO, 1976, op. cit., p. 14.

[38] HASSEMER, Winfried. *Introdução aos fundamentos do Direito Penal.* Trad. de Pablo Rodrigo Alflen da Silva. Porto Alegre: Sergio Antonio Fabris Editor, 2005, p. 372.

[39] PRADO, Luiz Régis. Teoria dos fins da pena: breves reflexões. *Ciências Penais: Revista da Associação Brasileira de Professores de Ciências Penais*, São Paulo, p. 147, 2004 b.

[40] WELZEL, 2004, op. cit., p. 332.

[41] JESCHECK, 1981, op. cit., p. 93.

[42] GARCIA, 1975. op. cit., p. 67.

POLÍTICA CRIMINAL E DIREITOS HUMANOS

peligrosidad con tal exactitud que pueda aparecer por lo menos como probable el resultado preventivo. El tercero es que a través de los elementos de intimidación, corrección y seguridad que hay en la pena y especialmente a través de la labor sociopedagógica durante la ejecución de la pena, puede ser combatida eficazmente la tendencia a la criminalidad que hay no sólo en los jóvenes, sino también en los adultos.[43]

Hans Jescheck apresenta, posteriormente, um quarto pressuposto:

También la prevención necesita para justificarse la certeza de que el Estado está legitimado para adaptar, a través de la coacción penal, los delincuentes peligrosos a las pautas rectoras dominantes en la sociedad.[44]

O que merece ser novamente reiterado é que se consideram os elementos da personalidade do agente no momento da fixação e da execução da pena. Aníbal Bruno foi preciso ao observar que:

Essa consideração de que o destino da pena é evitar a prática de novos crimes faz com que no momento da sua aplicação ela seja fixada tendo-se em vista não só a natureza do crime e as circunstâncias que possam modificar o julgamento da sua gravidade, mas todos os elementos que venham contribuir para a definição da personalidade do agente, sobre a qual o processo executivo irá promover a sua reabilitação.[45]

1.1.2.2.1. Prevenção geral

A teoria da prevenção geral entende ser a pena um instrumento eficaz para desestimular os membros da sociedade – que não o punido – a praticarem ações consideradas infrações penais. Ela subdivide-se em duas vertentes, a negativa e a positiva.

A teoria da função de *prevenção geral negativa da pena* identifica na sua mera aplicação a possibilidade de dissuadir os futuros autores de infrações penais, como se aquelas pessoas que estivessem próximas do cometimento de uma infração deixassem de cometê-lo, por mais tentadas que estivessem, por saber que poderiam futuramente ser punidas por suas condutas.[46] [47]

---

[43] JESCHECK, 1981, op. cit., p. 94.

[44] JESCHECK, loc. cit.

[45] BRUNO, 1976, op. cit., p. 14.

[46] Nesse sentido, ver: BECCARIA, Cesare. *Dos delitos e das penas*. Trad. de Torrieri Guimarães. São Paulo: Martin Claret, 2001, p. 49.

[47] Nesse sentido, ver: CARNELUTTI, Francesco. *As misérias do Processo Penal*. Campinas: Bookseller, 2002, p. 71.

Para Hans Welzel, essa influência psicológica inibidora do delito sobre a generalidade pode ocorrer através de dois instrumentos: as graves ameaças de sanção e a execução exemplar. Prosseguindo com o entendimento, a graduação da pena não seria formulada de acordo com a culpabilidade do autor, mas sim de acordo com a intensidade do impulso do fato. Concluiu o autor que o mal da pena deve ser o maior possível para dar efetividade à sua função ameaçadora e sancionadora.[48]

Francisco Muñoz Conde também considera que a função da pena é a de intimidar os cidadãos para que não pratiquem delitos. Desta forma, as pessoas serão disciplinadas e determinados interesses serão protegidos.[49]

Por sua vez, a teoria da *função de prevenção geral positiva* argumenta que a existência da lei penal reforçaria, na condição de símbolo, a confiança da sociedade no sistema social e, também, no próprio sistema penal. Desse modo, ainda que a criminalização não configure solução para o conflito, serve, na condição simbólica de credibilidade, para aplicar mal (pena) ao seu autor. Através da aplicação de pena, o Estado estaria realizando a autopropaganda de sua efetividade, em contraposição ao crime que deteriora a sua imagem. Para tanto, diante da negação da vigência da lei, com o cometimento do crime, aplica-se a sanção, por força expressa da lei e como forma de contrapor-se ao cometimento da infração.[50] [51] No mesmo sentido, a pena pode ser vista como necessária para satisfazer a sede de Justiça da sociedade.[52]

Diante de tal fato, por muito tempo se argumentou que a punição deveria ser alta. Posteriormente, Cesare Beccaria afirmou que o que seria eficaz na prevenção do crime não seria o rigor da punição, mas sim a certeza de sua ocorrência.[53]

1.1.2.2.2. Prevenção especial

Resta, todavia, a análise das teorias que atribuem à pena a função de prevenção especial positiva e prevenção especial negativa. Diferentemente

---

[48] WELZEL, 2004. op. cit., p. 332-334.

[49] MUÑOZ CONDE, 2005. op. cit., p. 107.

[50] SILVESTRONI, 2004, op. cit., p. 35.

[51] Neste sentido, Hegel afirma: "Esta fenomenalidade do direito – em que ele mesmo e a sua existência empírica essencial, a vontade particular, coincidem imediatamente – torna-se evidente como tal quando, na injustiça, adquire a forma de oposição entre o direito em si e a vontade particular, tornando-se então um direito particular. Mas a verdade desta aparência é o seu caráter negativo, e o direito, negando essa negação, restabelecendo-se e, utilizando este processo de mediação, regressando assim a partir da sua negação, acaba por determinar-se real e válido". (HEGEL, 2000, op. cit., p. 80.)

[52] JESCHECK, 1981, op. cit., p. 90.

[53] BECCARIA, 2001, p. 49 ss.

dos modelos de prevenção geral, em que a função da pena era dirigida aos outros indivíduos que não o apenado, nos modelos de prevenção especial a função da pena é essencialmente voltada para quem estará submetido a ela. Desta maneira, tem por objetivo *reeducar o delinqüente corrigível e tornar inócuo o delinqüente incorrigível*; além disso, dentro da visão de infrator corrigível e incorrigível, poderiam ser estabelecidas as penas. Desta forma, quando a probabilidade de repetição for pequena, a pena também deverá ser baixa, ainda que diante do cometimento de crimes graves. No mesmo sentido, quando a probabilidade de repetição for elevada, a pena deverá ser severa, mesmo que diante de fatos insignificantes.[54]

A *prevenção especial positiva* consiste na idéia de que a pena é remédio utilizado pelo Estado em favor do doente (sujeito autor do crime).[55] Nesse caso, a pena seria um bem que o Estado oferece aos seus membros que precisam de ajuda. A sanção, aqui, é tratada como algo positivo, capaz de "melhorar" o indivíduo, tornando-o apto para a vida em sociedade. Isto significa uma visão de pena, centrada no indivíduo infrator, devendo ser nele operada, na condição de *instrumento de resposta ao desvio punível*.[56] O êxito neste fim poderia ser considerado o melhor instrumento de segurança da sociedade diante do antigo delinqüente.[57]

Conforme Mariano H. Silvestroni, há profundo vínculo desta teoria com o chamado *Direito Penal do Autor*. O cometimento do delito seria a oportunidade encontrada para se realizar a modificação no cidadão, satisfazendo a ideologia da maioria. A pena estaria ligada não ao ato delituoso, mas sim ao que é tido como causa da infração, o autor.[58] O citado doutrinador argentino apresenta, com nitidez, o raciocínio dos adeptos dessa corrente: *"el que comete un delito tiene una personalidad propensa a ello; el que tiene esa personalidad es peligroso para la soceiedad; por ello debe ser modificado".*[59] Segundo essa teoria, o *quantum* de pena do infrator não estaria de acordo com a sua culpabilidade, mas sim o quanto necessita para se ressocializar.[60]

A *prevenção especial negativa*, por sua vez, visa proteger a sociedade do autor de um crime, através da aplicação da pena. Desta forma, com a punição do sujeito que não se comporta conforme as normas de boa conduta previamente estabelecidas, estar-se-ia protegendo o restante da

---

[54] WELZEL, 2004, op. cit., p. 334-335.

[55] Nesse sentido, ver: CARNELUTTI, 2002, op. cit., p. 71.

[56] CARVALHO, Salo de. *Pena e garantias*. 2. ed. Rio de Janeiro: Lumen Juris, 2003 b, p. 131.

[57] HASSEMER, 2005, op. cit., p. 374.

[58] SILVESTRONI, 2004, op. cit., p. 30.

[59] SILVESTRONI, loc. cit.

[60] JESCHECK, 1981, op.cit., p. 93.

sociedade da prática de outras – possíveis – condutas criminosas daquele indivíduo. Neste sentido, Hans Heinrich Jescheck comenta que *el período de privación de libertad sirve también para asegurar a la sociedad frente al delincuente peligroso.*[61] Para os autores desta teoria, a maior quantidade de presos significa uma menor quantidade de delitos, já que ela possui por fim justamente um efeito neutralizador.[62]

Aníbal Bruno assevera que se evita novo crime através do afastamento do condenado do meio social. Tal afastamento poderia ocorrer através de penas privativas de liberdade, inclusive com a prisão perpétua, ou por meio da pena de morte, sendo admitida essa hipótese no respectivo país.[63]

Mariano H. Silvestroni sintetiza, com razoabilidade, o caráter da pena segundo a tese em exposição:

> Aunque es tal vez la más sincera, porque resume el objetivo principal de quienes esgrimen una pretensión punitiva: en el fondo de los razonamientos más populares sobre el por qué castigar subyace la idea de que la pena neutraliza a quien se dedica a cometer delitos.[64]

1.1.2.3. Teoria mista

O que se verifica atualmente é que grande parte dos países não identifica apenas uma função para a pena – há entendimento de que na pena estão compreendidas algumas funções. Jeremy Bentham é um dos autores que defende este entendimento, ao declarar que:

> Quando acontece um ato nocivo, um delito, dois pensamentos se devem oferecer ao espírito do Legislador ou do magistrado: o modo de prevenir o crime para que não torne a acontecer, e o meio de reparar quanto for possível o mal, que tem causado.[65]

A pena, para Hans Henrich Jescheck, possui dupla função: preventiva e repressiva[66] – originando-se aqui a chamada teoria mista. Após dissertar sobre as teorias, o autor reafirma a possibilidade de sua unificação:

> Es posible una *unificación* de manera que la pena no se agote ciertamente en sí misma, sino que se conmine y aplique con el fin de proteger a la sociedad de futuros

---

[61] JESCHECK, 1981, op. cit., p. 95.

[62] SILVESTRONI, 2004, op. cit., p. 29.

[63] BRUNO, 1976, op. cit., p. 25.

[64] SILVESTRONI, 2004, op. cit., p. 29.

[65] BENTHAM, Jeremy. *Teoria das penas legais e tratado dos sofismas políticos.* São Paulo: CL Edijur, 2002, p. 22-23.

[66] JESCHECK, 1981, op. cit., p. 6-9.

delitos; pero de manera que también sirva para compensar la culpabilidad por el delito cometido, buscando lograr el resultado preventivo de una forma justa.[67] (grifo nosso)

Mariano H. Silvestroni identifica com precisão a união das teorias anteriormente expostas:

En general se parte de la base de que, al momento de la sanción de la ley penal, la amenaza de pena tiene una justificación preventivo general negativa: se sanciona la ley penal para discutir la comisión de delitos. Al momento de la individualización, la pena sólo podría justificarse en la medida que sea la justa retribución por el hecho cometido por el autor: allí sólo cuenta la culpabilidad por el hecho cometido. Por su parte, en la etapa de la ejecución, la pena tendría una finalidad preventivo especial, de reeducación de penado, con el fin de evitar que vuelva a cometer nuevos delitos.

La prevención general positiva tendría cabida al decidir la imposición o no de la sanción: la declaración de culpabilidad y la asignación de una pena como consecuencia de ella es el acto integrador que recompone la vigencia de la norma afectada por el delito. La prevención especial negativa jugaría un papel legitimante de la efectiva aplicación de la sanción como modo de apartar al autor del delito y evitar así que cometa otros.[68]

Tal pensamento origina as correntes unitárias ou também conhecidas como mistas através das quais, como foi bem sintetizado por Heleno Cláudio Fragoso, *combinam as teorias absolutas e as relativas. Partem do entendimento segundo o qual a pena é retribuição, mas deve, por igual, perseguir os fins de prevenção geral e especial.*[69] [70] Ou, como foi exposto por Aníbal Bruno, *a pena apresenta como retribuição, em satisfação a uma exigência de Justiça, mas ao mesmo tempo como instrumento de prevenção dos crimes no interesse da defesa social.*[71]

Neste sentido, poder-se-ia afirmar, seguindo as lições de Franz von Liszt, que a pena é considerada como instrumento para a obtenção dos fins (funções), podendo ocorrer uma variação nos fins a partir do caso concreto.[72]

---

[67] JESCHECK, 1981, op. cit., p. 95.

[68] SILVESTRONI, 2004, op. cit., p. 39.

[69] FRAGOSO, 2003, op. cit., p. 345.

[70] No mesmo sentido: "De um lado, pois, acolhe a teoria da justiça absoluta, porque aceita a função retributiva da pena (a pena é um castigo), mas admite, por outro lado, que a pena tenha aquelas funções utilitárias que enumera". GARCIA, 1975, op. cit., p. 75.

[71] BRUNO, 1976, op. cit., p. 14.

[72] LISZT, 2006, op. cit., p. 100-101.

1.2. DISCURSOS DE SUSTENTAÇÃO DO PROCESSO PENAL: SEGURANÇA PÚBLICA E VERDADE

Dentro do modelo integrado intradogmático, há grande relação entre o Direito Material e o Direito Processual, visto que o primeiro chega a determinadas conclusões sem, contudo, apresentar as formas de efetivação, o que viria através do segundo ramo. Deste modo, o Processo Penal é entendido como instrumento de efetivação do Direito Penal.

1.2.1. Processo Penal e segurança pública

A partir do momento que o Estado avocou para si a responsabilidade de punir, excluindo, desta forma, qualquer possibilidade de vingança privada, passou a ter o monopólio do *jus puniendi*. Todavia, como assevera José Frederico Marques, a *ordem jurídica não reage frente ao ilícito com o exercício automático da sanção,*[73] necessitando, obrigatoriamente, do processo.

Surgem, deste modo, os conflitos da imputação de um fato a determinado agente com as garantias a que esse está submetido. A resolução desse problema pressupõe a aplicação de sanção ao possível autor do delito, através do instrumento "Processo Penal".[74] Como sintetiza o referido autor, *o jus puniendi, portanto, é um direito de coação indireta, podendo a norma penal ser aplicada apenas jurisdicionalmente, e, portanto, através do processo.*[75] [76] Objetivando demonstrar que esse é o meio idôneo para a aplicação do Direito Penal, Vicenzo Manzini destaca: *"El derecho penal material, o substancial, es la energia potencial; el derecho procesal es el médio com que esta energia puede ponerse concretamente en acción".*[77]

Antes de o Estado ser o titular do *jus puniendi*, outras eram as formas de resoluções dos conflitos, que oscilavam desde a utilização da força entre os envolvidos no conflito – fato que tornava impossível a harmonia – até a busca pela resolução. Como em ambas situações a Justiça nem sempre era

---

[73] MARQUES, José Frederico. *Elementos de Direito Processual Penal.* v. 1. 2. ed. Rio de Janeiro: Forense, 1965, p. 11.

[74] *"O processo, como instrumento de atuação da lei, é um só".* Ibid., p. 15.

[75] Ibid., p. 13.

[76] No mesmo sentido, TUCCI afirma tratar-se, desta forma, de um direito de coação indireta, tendo em vista que a efetivação da pena ao culpado por um crime *somente pode ser aplicada pelos órgãos jurisdicionais mediante a utilização de um instrumento adequado, que é o processo.* TUCCI, Rogério Lauria. *Direitos e garantias individuais no Processo Penal brasileiro.* 2. ed. rev. e atual. São Paulo: Revista dos Tribunais, 2004, p. 27-28.

[77] MANZINI, Vicenzo. *Tratado de Derecho Procesal Penal.* Trad. de Santiago Sentís Melendo y Mariano Ayerra Redín. Buenos Aires: Ediciones Jurídicas Europa – América, 1951, p. 124.

assegurada, foi confiada a um terceiro – Estado – a tarefa de dirimir essas desavenças.

No mesmo sentido, Edgard Magalhães Noronha afirma que o Estado está investido do *jus puniendi*, esse é delimitado pelo direito objetivo, formado pelo conjunto de normas incriminadoras definidas por esse ente. A partir de então, através do direito de ação, direito subjetivo, o Estado tem o poder de promover a perseguição ao autor do delito.[78]

Partindo da idéia de que o Direito Processual Penal possui dentro de si mesmo uma característica instrumental do Direito Penal Material, Giovanni Leone estabelece algumas considerações. A primeira delas, dentro de uma análise lógica, é que este ramo do Direito buscará a reconstrução de um fato histórico. Posteriormente, afirma, inclusive, que a pena tem como único instrumento de aplicação o processo; além disso, o mesmo autor reconhece que a definição de uma ciência como instrumento da outra faz com que sejam mantidas as respectivas independências.[79]

O Processo Penal tem sido tratado como instrumento capaz de garantir a segurança pública, através da "efetiva" repressão. Cria-se, com isso, *uma contraposição entre os direitos fundamentais do imputado e a necessidade da repressão da criminalidade*, fazendo crer que *os princípios de garantia dos direitos individuais seriam preteridos aos de proteção à segurança, afastando-os momentaneamente como forma de assegurar a devida repressão à criminalidade.*[80]

Torna-se relevante a situação a partir do momento que tais circunstâncias geram conseqüências drásticas ao Processo Penal brasileiro, como bem apresentado por Salo de Carvalho. Apresenta o autor citado duas situações que se constituem em grave problema: a tendência autoritária gerada nos agente da repressão e as políticas públicas pautadas na eliminação dos sujeitos considerados "inimigos".[81]

1.2.2. Verdade e atuação judicial

Ao tratar das atribuições do Processo Penal, Giovanni Leone entende que:

---

[78] NORONHA, Edgard Magalhães. *Curso de Direito Processual Penal*. 7. ed. São Paulo: Saraiva, 1974, p. 1.

[79] LEONE, Giovanni. *Tratado de Derecho Procesal Penal*. Trad. de Santiago Sentís Melendo. Buenos Aires: Ediciones Jurídicas Europa – América, 1989, p. 3-8.

[80] CARVALHO, Salo de. Cinco teses para entender a desjudicialização material do processo penal brasileiro. In: WUNDERLICH, Alexandre; CARVALHO, Salo de (orgs.). Rio de Janeiro: Lumen júris, 2005, p. 89-90.

[81] Ibid., p. 104.

Derecho procesal penal es el conjunto de las normas encaminadas: a) a la declaración de certeza de la noticia criminis (es decir, declaración de certeza del delito e inflicción de la pena); b) a la declaración de certeza de la peligrosidad social y a la aplicación de medidas de seguridad; c) a la declaración de certeza de las responsabilidades civiles conexas al delito y a la inflicción de las consiguientes sanciones; d) a la ejecución de las providencias.[82]

Edgar Magalhães Noronha posiciona-se no sentido de que o fim do processo é a apuração do fato, através de atos legalmente ordenados: *o fim é este; a descoberta da verdade, o meio.*[83] Apesar de não concordar completamente com a assertiva de que a descoberta da verdade é a finalidade imediata e específica do Processo Penal, José Frederico Marques reconhece que a sua descoberta é um meio necessário para a comprovação da situação em que deve incidir a norma penal. E mais adiante se posiciona no sentido de que *a descoberta da verdade se apresenta, assim, como meio e modo para a reconstrução dos fatos que devem ser julgados, e, conseqüentemente, da aplicação jurisdicional da lei penal.*[84] [85] Em outras palavras, conclui-se, a partir das afirmações dos doutrinadores acima referidos, que a finalidade do processo é efetivar a norma penal, tendo a busca da verdade como meio.

Nesse aspecto, classifica-se a verdade em duas modalidades: material e formal. A primeira, também chamada de real, é aquela em que o fato objeto de acusação é reproduzido sem artifícios – busca-se, nesse sentido, a reprodução plena do fato. Por outro lado, a segunda é aquela em que se permite *ao juiz ser mais condescendente na apuração dos fatos, sem obedecer a rigorosa observância à exigência de diligenciar 'ex officio' com o objetivo de descobrir a verdade, tal como sucede no caso do princípio da verdade material.*[86]

Fernando da Costa Tourinho Filho, por sua vez, defende que o *Processo Penal deve tender à averiguação e ao descobrimento da verdade real, da verdade material, como fundamento da sentença.* Em uma análise comparativa com o Processo Civil, assevera que no âmbito penal não pode o magistrado satisfazer-se com uma verdade formal ou convencional, possuindo o mesmo *o dever de investigar a verdade real* e o de *procurar saber os fatos que passaram na realidade, quem realmente*

---

[82] LEONE, 1989, op. cit., p. 17-18.

[83] NORONHA, 1974, op. cit., p. 1.

[84] MARQUES, 1965, op. cit., p. 62.

[85] No mesmo sentido ver: BARROS, Marco Antonio. *A busca da verdade no Processo Penal*. São Paulo: Revista dos Tribunais, 2002, p. 21-22.

[86] BARROS, 2002, op. cit., p. 27-32.

praticou a infração e em que condições a perpetrou, para dar base certa à Justiça.[87] Neste sentido, conclui-se que deve o magistrado ir em busca da verdade real, de forma que essa fique demonstrada no processo, além do meio a ser adotado, para que seja alcançada a aplicação da norma penal – o fim do Processo Penal.

Com isso, fica evidenciado que o Processo Penal é um instrumento de efetivação do Direito Penal, atuando na reconstrução do suposto fato delituoso, por acreditar na existência e no alcance de uma verdade real, pois esse é o caminho necessário para encontrar e punir o responsável pelo ato delituoso.

---

[87] TOURINHO FILHO, Fernando da Costa. *Processo Penal*. v. 1. 27 ed. rev. e atual. São Paulo: Saraiva, 2005, p. 37-40.

2. Conseqüências político-criminais dos discursos legitimadores

2.1. DISTINÇÕES CONCEITUAIS: INTERVENÇÃO MÁXIMA E DIREITO PENAL MÁXIMO

É relevante apresentar a diferença entre a opção política de maior ou menor intervenção estatal, através do Direito Penal, e o que se chama de Direito Penal Máximo e Direito Penal Mínimo. A intensidade de intervenção do Estado nos conflitos sociais, através do seu poder punitivo, compreende a denominada intervenção máxima ou mínima do Direito Penal. Conceitos com conotações distintas são Direito Penal Máximo e Direito Penal Mínimo, os quais traduzem o grau de respeito das garantias aos acusados. Desta maneira, o modelo de Direito Penal Mínimo apresenta em alto grau as garantias dos acusados, ao passo que o modelo de Direito Penal Máximo, porque é o oposto, as minimiza.

A adoção de medidas do Direito Penal maximizado vem ao encontro de ideologias inquisitoriais, nas quais os fins justificam os meios. Luigi Ferrajoli identifica as características de cada um desses modelos, corroborando com a idéia acima citada.[88] Ainda, as estruturas de Direito Penal

---

[88] Para Ferrajoli, o Direito Penal Mínimo representa: "Uma norma de limitação do modelo de direito penal mínimo informada pela certeza e pela razão é o critério do 'favor rei', que não apesar permite, mas exige intervenções potestativas e valorativas de exclusão ou de atenuação da responsabilidade cada vez que subsiste incerteza quanto aos pressupostos cognitivos da pena. A este critério estão referenciadas instituições como a presunção de inocência do acusado até a sentença definitiva, o ônus da prova a cargo da acusação, o princípio 'in dúbio pro reo', a absolvição em caso de incerteza acerca da verdade fática e, por outro lado, a analogia 'in bonam partem', a interpretação restritiva dos tipos penais e a extensão das circunstâncias eximentes ou atenuantes em caso de dúvida acerca da verdade jurídica". Sobre o Direito Penal Máximo: "Ao contrário, o modelo de direito penal máximo, quer dizer, incondicionado e ilimitado, é o que se caracteriza, além de sua excessiva severidade, pela incerteza e imprevisibilidade das condenações e das penas e que, conseqüentemente, configura-se como um sistema de poder não-controlável racionalmente em face da ausência de parâmetros certos e racionais de

Mínimo e de Direito Penal Máximo são caracterizadas, entre outros fatores, *pela presença ou pela ausência de critérios de racionalidade e de previsibilidade ao arbítrio punitivo, indicando diversas opções políticas e a decorrente (pré)disposição aos custos a serem pagos: maximização das garantias ou do poder.*[89]

Pode-se identificar a diferenciação ideológica entre os modelos de Direito Penal Máximo e o Direito Penal Mínimo através da seguinte sentença:

> A certeza perseguida pelo direito penal máximo está em que nenhum culpado fique impune à custa da incerteza de que também algum inocente possa ser punido. A certeza perseguida pelo direito penal mínimo está, ao contrário, em que nenhum inocente seja punido à custa da incerteza de que também algum culpado possa ficar impune.[90]

Apesar das diferenças apresentadas, é inegável que quanto maior for a intervenção penal, mais provável será o desrespeito às garantias dos acusados e, conseqüentemente, mais próximo se estará de um Direito Penal maximizado diante da maior dificuldade de promover o controle do exercício do poder punitivo. No mesmo sentido, uma menor intervenção do Estado nos conflitos poderia ser considerada como indício de que, quando essa ocorrer, as garantias dos acusados serão respeitadas. Algumas das características do Direito Penal Mínimo, como, por exemplo, a interpretação restritiva dos tipos penais e a extensão das circunstâncias eximentes ou atenuantes em caso de dúvida sobre a verdade jurídica, levam o seu aplicador à intervenção mínima, visto que se está diante de *uma discricionariedade dirigida para não estender, mas para excluir ou reduzir a intervenção penal quando não-motivada por argumentos cognitivos seguros.*[91] Entretanto, não é impossível de se ter uma opção política de mínima intervenção estatal nos conflitos sociais, através do poder punitivo, e que quando esta ocorra, se desrespeitem as garantias dos acusados, tendo, desta forma, um Direito Penal Máximo em um Estado minimamente intervencionista.

---

convalidação e anulação. Devido a estes reflexos, o substancialismo penal e a inquisição processual são as vias mais idôneas para permitir a máxima expansão e a incontrolabilidade da intervenção punitiva e, por sua vez, sua máxima incerteza e irracionalidade". FERRAJOLI, Luigi. *Direito e razão:* teoria do garantismo penal. São Paulo: Revista dos Tribunais, 2002, p. 84.

[89] CARVALHO, Salo de; CARVALHO, Amilton Bueno de. *Aplicação da pena e garantismo.* 2. ed. Rio de Janeiro: Lumen Juris, 2002, p. 26.

[90] FERRAJOLI, 2002, op. cit., p. 84-85.

[91] Ibid., p. 84.

2.2. DISCURSOS DE SUSTENTAÇÃO EXTRADOGMÁTICOS DO MODELO INTEGRADO DE CIÊNCIAS PENAIS

Ainda que os movimentos repressivistas não tenham por base teórica os conceitos até então desenvolvidos, identificam externamente no Direito Penal e no Processual Penal, através do citado modelo integrado de Ciências Penais, o instrumento eficaz de redução (extinção) da criminalidade. Internamente, o objetivo pode ser diverso, qual seja, com a maior repressão penal, há uma maior exclusão social daqueles que são considerados como vulneráveis à criminalização.

2.2.1. O movimento de lei e ordem

Esse discurso de efetividade da ação repressiva em matéria criminal teve início nos Estados Unidos na década de 60 e, mais recentemente, no Brasil, durante a década de 90 – como exemplo, a Lei dos Crimes Hediondos (Lei n. 8.072/90) e suas alterações. Na década de 60, *brotam como resistência à contracultura e de reivindicação da salvaguarda dos princípios éticos, morais e cristãos da sociedade ocidental.*[92]

Modelos como este apresentam o grande e perigoso poder de rotularem os indivíduos da sociedade. As Ciências Penais que possuem (ou possuíam) por objetivo a proteção do mais débil[93] – *do fraco ofendido ou ameaçado com o delito, como do fraco ou ofendido ameaçado pela vingança; contra o mais forte, que no delito é o réu e na vingança é o ofendido ou os sujeitos públicos ou privados que lhe são solidários*[94] – acabam por prejudicá-lo.

Apesar disso, as raízes desse pensamento arcaico e abolido pela norma constitucional pátria estão ganhando – como se observou brevemente acima – relevo nas respostas legislativas atuais, que trabalham motivadas pela criação do medo na população através dos meios de comunicação sensacionalistas. Cabe ressaltar que a mídia constitui-se na *principal fonte dos Movimentos de Lei e Ordem para a produção do consenso sobre o crime, a criminalidade e a necessidade de incremento constante das penas.*[95] Desse

---

[92] CARVALHO, Salo de. *A política criminal de drogas no Brasil:* estudo criminológico e dogmático. 3. ed. reesc., ampl. e atual. Rio de Janeiro: Lumen Juris, 2006 b, p. 34.

[93] Ferrajoli assevera que "Sob ambos os aspectos a lei penal se justifica enquanto lei do mais fraco, voltada para a tutela dos direitos contra a violência arbitrária do mais forte". Ver: FERRAJOLI, 2002, op. cit., p. 270.

[94] FERERAJOLI, 2002, op. cit., p. 270.

[95] CARVALHO, 2006, op. cit., p. 35.

modo, o Direito Penal é o melhor símbolo, tanto de proteção do bem jurídico como de resposta estatal. No entanto, diferentemente do que pensam os seus idealizadores, o Direito Penal não se apresenta como um instrumento hábil a solucionar o problema da violência[96] e da criminalidade.[97]

A prova de ineficácia[98] e de inflexibilidade de seus adeptos consiste no fato de, mesmo não atingindo a sua finalidade (diminuição do crime), novas leis com similar ideologia foram e estão sendo editadas. O argumento para o recurso a essas normas é que as anteriores não surtiram efeito ante o elevado índice de criminalidade e a necessidade de as leis serem ainda mais rigorosas. As únicas conseqüências perceptíveis com essa inflação legislativa do terror são: o aumento da criminalidade – exatamente o oposto da intenção dos seus criadores – e a minimização das garantias constitucionais.

2.2.2. A política de janelas quebradas (tolerância zero[99]) e a relação com o movimento de lei e ordem

Foi na gestão de Rudolph Giuliani que a doutrina das Janelas Quebradas, implantada em Nova York, tornou-se vitrine para o mundo. O combate, nesse caso, era feito de forma agressiva na tentativa de repressão da pequena delinqüência, dos mendigos e dos sem-teto. Estes ideais têm origem em teoria formulada por James Q. Wilson e George Kelling denominada *broken windows theory* (teoria da janela quebrada) em 1982. Nesta, a ideologia explicita que através da luta contra os pequenos distúrbios do cotidiano é possível reduzir as patologias criminais.[100]

Em relação à eficácia da citada política, as opiniões da população diferenciam-se, dependendo do nível socioeconômico. A maioria dos negros[101] considera a polícia uma força hostil e violenta, representando um

---

[96] É importante lembrar da lição de Ruth Gauer que diz que "falar de violência implica uma reflexão que vai muito além da criminalidade". Ver: GAUER, Ruth M. Chittó. Alguns aspectos da fenomenologia da violência. In: GAUER, Ruth M Chittó; GAUER, Gabriel J. Chittó (orgs.). *A fenomenologia da violência*. Curitiba: Juruá, 2003, p. 23.

[97] Contrariando os ideais dos movimentos repressivistas, Débora Regina Pastana conclui "que não é majorando penas e editando leis cada vez mais repressivas, leis que ferem até mesmo os direitos e garantias do indivíduo, que o Estado vai promover algum tipo de paz". PASTANA, Débora Regina. *Cultura do medo:* reflexões sobre a violência criminal, controle social e cidadania no Brasil. São Paulo: Método, 2003, p. 120.

[98] ILANUD. A lei dos crimes hediondos como instrumento de política criminal. *Revista Ultima Ratio,* Rio de Janeiro, ano 1, p. 3-72, 2006.

[99] Em entrevista concedida ao programa "Roda Viva" da TV Cultura, concedida em 12.06.2000, George Kelling afirmou que os movimentos de janelas quebradas e tolerância zero possuem ideais distintos, em que pese sejam vistos como sinônimos pela maioria dos autores. Segundo o citado entrevistado, a tolerância zero limita-se a uma política adotada em relação à corrupção policial.

[100] WACQUANT, Loïc. *As prisões da miséria,* Rio de Janeiro: Jorge Zahar, 2001 a, p. 25.

[101] Ibid., p. 36-38.

perigo para eles. Mesmo morando em bairros em que a criminalidade diminuiu – comprovação estatística –, a sensação deles de insegurança é maior. Já entre os brancos, o resultado da mesma pesquisa foi o contrário – como quem detém o poder são os brancos, a doutrina permanece ganhando novos adeptos. A ação policial, nestes casos, além de receber grande aumento em seu efetivo, recebe total liberdade para agir em busca do objetivo almejado. Pode-se dizer que é pregada a seguinte política "os fins justificam os meios".

Outro problema da criminalização de pequenas infrações é a inflação de processos e a sua conseqüente lentidão, já que a estrutura policial e judicial não acompanha tal crescimento. Isso gera, basicamente, duas conseqüências: *a)* alguns dos processados não agüentam a "pena", que é a instrução de um Processo Penal, e confessam a autoria do delito, objetivando a rápida conclusão do processo criminal, bem como a obtenção de uma pena atenuada; ainda, pode ser considerada como forma de aceitação da situação a realização de uma transação penal; *b)* outros processados tentam adiar ao máximo o fim do processo judicial, objetivando a extinção da punibilidade ante o instituto da prescrição. Nesse caso, a sociedade é aterrorizada com a sensação de impunidade dos autores de delitos relevantes e a polícia encontra, aqui, o seu trabalho inutilizado. Desta maneira, há a impunidade de ações delituosas relevantes em detrimento de punições em ações penalmente irrelevantes – ou que assim deveriam ser consideradas.

Na Europa, a política de Janelas Quebradas também foi aplicada, porém, com algumas diferenciações em relação à versão dos Estados Unidos. Relacionando as políticas criminal norte-americana e européia, Wacquant identifica que:

> Os Estados Unidos optaram claramente pela criminalização da miséria como complemento da generalização da insegurança salarial e social. A Europa está hoje numa encruzilhada, confrontada com uma alternativa histórica: de um lado, a médio prazo, o aprisionamento dos pobres e o controle penal das populações desestabilizadas pela revolução do salário; de outro, a necessidade de criação imediata de novos direitos do cidadão (como a renda de sobrevivência) acompanhada por uma reconstrução ofensiva das capacidades sociais do Estado. Desta escolha depende o tipo de civilização que pretende oferecer a seus cidadãos.[102]

---

[102] WACQUANT: Loïc. A tentação penal na Europa. *Discursos sediciosos:* crime, direito e sociedade. Rio de Janeiro, Instituto Carioca de Criminologia, ano 7, n. 11, p. 10, 2003 a.

No Brasil já se fala em meios para implantar essa ideologia[103] oficialmente. Conforme o narrado – contrariando os dados estatísticos[104] –, Nova York teria passado da condição de líder da criminalidade para exemplo de cidade segura. A ausência de um Estado Social é complementada por um Estado Penal, como se esses modelos fossem compatíveis.[105]

Miguel Reale Júnior demonstra a relação existente entre a Tolerância Zero e a política aplicada logo após o desmonte da escravidão no Brasil, no início da República.[106] Naquele momento histórico, conforme o relato do autor:

> visava-se, primacialmente, à preservação da ordem pública em face de pessoas suspeitas, em grande parte em face da forma de ser, da cor da pele ao gestual, reputados perigosos por se revelarem socialmente inconvenientes, malgrado os fatos não atinjam quem quer que seja, sendo meras desconfianças ou quando muito infrações sem vítima, como as contravenções de embriaguez ou vadiagem.[107]

Como o próprio autor expõe, ao se falar em Tolerância Zero nos dias atuais, pode-se dizer que não se trata de política criminal nova.[108] Pretende-se acabar com o mal (a criminalidade) pela raiz, como se essa fosse cons-

---

[103] "Recentemente, alguns setores do governo têm postulado pala adoção do famoso programa novaiorquino de 'tolerância zero', como um modelo a ser seguido no Brasil". LOPES JÚNIOR, Aury. *Violência urbana e Tolerância Zero: verdades e mentiras*. Disponível em: http://www.aurylopes.com. br/artigos.html. Acesso em 10 de julho de 2006.

[104] Jacinto Coutinho e Edward Carvalho elucidam bem a questão: "A espetacular queda do crime em Nova Iorque é apontada como prova irrefutável de que a teoria funciona. Entretanto, ela diz muito pouco, senão nada, sobre a 'Broken Windows Theory'. Basta ver que as outras grandes cidade ao longo dos EUA experimentaram uma queda notável da criminalidade ao longo dos anos 90". E prosseguem: "Mais importante, todavia, é notar que a política de Tolerância Zero não foi a única implantada em Nova Iorque, sendo que outros fatores contribuíram para a queda dos índices dos crimes de 1993 a 1998". COUTINHO, Jacinto; CARVALHO, Edward. Teoria das janelas quebradas: e se a pedra vem de dentro? *Revista de Estudos Criminais*, Sapucaia do Sul, n. 11, p. 25, 2003.

[105] Nesse sentido: "A destruição deliberada do Estado Social e a hipertrofia súbita do Estado Penal americano durante o último quarto de século são dois processos concomitantes e complementares. Cada um a sua maneira, contribuem, de um lado, para o abandono do contrato salarial fordista e do compromisso keynesiano dos anos 70 e, de outro, para a crise do gueto como instrumento de confinamento dos negros após a revolução dos direitos civis e das grandes revoltas urbanas dos anos 60. Juntos, participam da construção de um 'novo governo da miséria' no qual a prisão ocupa uma posição central e se traduz por uma severa imposição de tutela e controle minucioso dos grupos marginais na base da pirâmide social americana. Assim, desempenha-se a figura de um novo tipo de formação política, espécie de 'Estado-centauro', dotado de uma cabeça liberal que aplica a doutrina do 'laissez-faire, laissez-passer' em relação às causas das desigualdades sociais, e de um corpo autoritário que se revela brutalmente paternalista e punitivo quando se trata de assumir as conseqüências dessas desigualdades". Ver: WACQUANT, Loïc. A ascensão do Estado penal nos EUA. *Discursos sediciosos:* crime, direito e sociedade, Rio de Janeiro, Instituto Carioca de Criminologia, ano 7, n. 11, p. 15, 2003 b.

[106] REALE JÚNIOR, Miguel. Insegurança e Tolerância Zero. *Revista de Estudos Criminais,* Sapucaia do Sul, n. 9, p. 66-70, 2003.

[107] Ibid., p. 67.

[108] Ibid., p. 69.

tituída por pequenos delitos e não pela falta de um Estado Social,[109] por exemplo. A utilização de uma legislação penal de terror, que aumenta as penas, criminaliza condutas e minimiza garantias, não é eficiente na redução da criminalidade.[110]

Os Movimentos de Lei e Ordem em muito se assemelham ao movimento denominado Janelas Quebradas, principalmente quando se refere aos meios utilizados para se atingir a redução na criminalidade. Ambos pretendem obter tal resultado por meio do aumento da repressão – contudo, o que será repreendido caracteriza a diferença entre eles. Salo de Carvalho explica tal distinção:

> Percebe-se uma nítida simetria entre as propostas político-criminais propugnadas pelos MLO e as oferecidas pelos defensores da "Tolerância Zero", baseadas no incremento da repressão penal. Todavia, enquanto estes primam pela repressão à criminalidade de rua e bagatelar, entendendo a intolerância como o único mecanismo de prevenção do caos e da desordem social, aqueles reivindicam alta punibilidade às ofensas dos bens jurídicos interindividuais, sobretudo os delitos contra a pessoa e o patrimônio. [111]

Ambos os programas tentam "remediar com um 'mais Estado' policial e penitenciário o 'menos Estado' econômico e social que é a própria causa da escalada generalizada da insegurança objetiva e subjetiva em todos os países, tanto do Primeiro como do Segundo Mundo".[112] [113] Observa-se, com isso, a existência de um sistema que tenta "combater" a criminalidade – a melhor expressão seria controlar ou, ainda, minimizar, porque acabar com ela é impossível, já que a violência[114] e a criminalidade são inerentes

---

[109] "A idéia de que a repressão total vai sanear o problema é totalmente ideológica e mistificadora. Sacrificam-se os direitos fundamentais em nome da incompetência estatal em resolver os problemas que realmente geram a violência". LOPES JÚNIOR, 2006, op. cit.

[110] GAUER, 2003, op. cit., p. 15.

[111] CARVALHO, Salo. As reformas parciais no Processo Penal brasileiro. In: CARVALHO, Amilton Bueno de; CARVALHO, Salo de. *Reformas penais em debate*. Rio de Janeiro: Lumen Juris, 2005, p. 95.

[112] WACQUANT, 2001 a, op. cit., p. 7.

[113] Nesse sentido, Eugenio Raúl Zaffaroni afirma: "Vende-se a ilusão de que sancionando leis que reprimam desmesuradamente aos poucos vulneráveis e marginados que se individualizam, e aumentando a arbitrariedade policial, ao legitimar, direta ou indiretamente, todo gênero de violências, inclusive contra quem objeta o discurso publicitário, obter-se-á maior segurança urbana contra o delito comum. Não só se magnífica a insegurança, senão que, ao proclamar a existência de uma pretendida impunidade ou lenidade geral, a meta-mensagem incita publicamente aos excluídos ('cometam crimes que não acontecerá nada')". ZAFFARONI, Eugenio Raúl. Buscando o inimigo: de Satã ao Direito Penal cool. In: MENEGAT, Marildo; NERI, Regina. *Criminologia e subjetividade*. Rio de Janeiro: Lúmen Juris, 2005, p. 24.

[114] Nesse sentido, novamente nos reportamos a Ruth Gauer: *"(...) violência é um elemento estrutural, intrínseco ao fato social e não o resto anacrônico de uma ordem em vias de extinção"*. A mesma autora observa também que: "Esse padrões de comportamento, que não estão à margem da cultura, mas a

ao homem – utilizando justamente uma das situações que a impulsionam: a repressão penal e a ausência de um Estado Social e Econômico.

2.2.3. Variável: a esquerda punitiva

A luta da esquerda na busca de uma repressão à criminalidade através do sistema penal surgiu em meados dos anos 70 através dos "defensores" de grupos sociais específicos. Desta forma, as feministas buscavam punições exemplares aos autores de atos violentos contra a mulher; os ecologistas reivindicavam desde a criação de novos tipos penais até o aumento das penas já existentes, visando a uma maior proteção do meio ambiente; os movimentos raciais requisitavam punição mais severa dos crimes discriminatórios. Aqui, utilizam-se o Direito Penal e o Processo Penal como símbolos de ações estatais.

Os movimentos esquerdistas, rompendo com a tradicional visão crítica e libertária, atuam em busca de repressão penal, inclusive com a supressão de direitos e de garantias processuais. Como regra, os autores dos supostos delitos praticados são cidadãos economicamente privilegiados. Esquecem-se, entretanto, que, frente à desigualdade existente, os maiores prejudicados serão os mais vulneráveis à criminalização, ou seja, os desfavorecidos econômica e socialmente.[115]

A esquerda (chamada por Maria Lúcia Karam de *Esquerda Punitiva*) passou a ter discurso idêntico ao da direita.[116] Como se viu até então, a esquerda queria criminalizar – ou penalizar os membros das classes dominantes –, porém, com a perda da visão de futuro,[117] tornou-se totalmente eleitoreira, ajustando o seu discurso ao da mídia, que "conduz a mente do povo" (eleitores).[118] Assim, *"a esquerda se ajustou a isso, e começou a*

---

compõem, como um de seus elementos nucleares, conduzem a sociedade contemporânea a uma orgia de sadismo e crueldade, que mais aberrante se torna, na medida em que passa a ser um elemento do cotidiano". GAUER, 2003, op. cit., p. 13-14.

[115] Nesse sentido, ver: KARAM, Maria Lúcia. A esquerda punitiva. *Discursos sediciosos:* crime, direito e sociedade. Rio de Janeiro, Instituto Carioca de Criminologia, n. 1, ano 1, p. 80-81, 1996.

[116] "Como se o mundo político passasse de repente a girar ao contrário, é um deputado de direita, Pierre Albertini, da UDF [Union pour la Démocratie Française], que, por puro deleite verbal, coloca mais energia em defender essa emenda votada pela comissão legislativa de maioria socialista: 'Não se pode elaborar uma política penal pensando em alguns atos de delinqüência urbana, por mais dolorosos que sejam.' E lembra que até a pouco tempo isso era uma evidência de 'esquerda', senão de bom senso: 'Seria preferível agir sobre a causa dessa violência'". WACQUANT, 2001 a, op. cit., p. 74.

[117] Para Maria Lúcia Karam, com a inexistência de um modelo de socialismo real, a esquerda ficou perdida sem essa perspectiva de futuro.

[118] Eugenio Raúl Zaffaroni afirma que "Os políticos – presos na natureza competitiva de sua atividade – deixam de procurar o melhor para se preocupar só pelo que se possa transmitir melhor e aumente seus clientes eleitorais". ZAFFARONI, 2005, op. cit., 2005, p. 25.

ampliar seu furor punitivo também para as condutas características das classes subalternizadas".[119] Ela deixou de ter a sua visão crítica, e isso foi sendo gradualmente mais intenso à medida que o sistema penal não era compreendido em sua estrutura.

Os movimentos de esquerda, esquecendo-se das razões de existir a legislação penal de "pânico", postulam reações punitivas de maior eficiência na repressão como sendo essa a forma adequada para combater a corrupção e a impunidade de seus autores. É importante lembrar, por meio de uma frase de Maria Lúcia Karam, que a busca por soluções não é tarefa fácil e nem apresenta êxito imediato: *"Quando a esquerda insiste em apresentar soluções imediatas, elas são as mesmas da direita. Aliás, soluções imediatas não são soluções".* [120] No mesmo sentido, como assevera Salo de Carvalho:

> Instituições ligadas aos Direitos Humanos, fundamentalmente organizações de cunho não-governamental (ONG's) vinculadas aos projetos políticos de construção da cidadania e da radicalização democrática, acabam, na atualidade, consumindo o discurso criminalizador, digerindo-o com uma naturalidade preocupante. Desta forma, a macrocrítica ao sistema é abandonada, havendo notória demanda por uma (re)utilização retributivista e passional do modelo anteriormente deslegitimado. [121]

Em suma, como foi bem destacado por Manuel Cancio Meliá, *"a esquerda política tem aprendido o quanto rentável pode resultar o discurso da law and order, antes monopolizado pela direita política".*[122]

---

[119] CLEINMAN, Beth. *A esquerda punitiva: entrevista com Maria Lúcia Karam. Revista de Estudos Criminais,* Sapucaia do Sul, n. 1, p. 13, 2001.

[120] CLEINMAN, 2001, ob. cit., p. 15.

[121] CARVALHO; Carvalho, 2005, op. cit., p. 97-98.

[122] JAKOBS, Günther; CANCIO MELIÁ, Manuel. *Direito Penal do Inimigo:* noções e críticas. Porto Alegre: Livraria do Advogado, 2005, p. 52. Trad. de André Luís Callegari e Nereu José Giacomolli.

3. Direito penal do inimigo: novos elementos de refundação do modelo integrado repressivista

O direito penal, historicamente, coisificou seres humanos, admitindo e relevando seu suposto grau de periculosidade.[123] Entretanto, ainda que os ideais sejam antigos, Günther Jakobs concedeu nova roupagem ao modelo chamado "Direito Penal do Inimigo", o qual foi apresentado em pequeno texto de sua autoria publicado em 2003, a qual serve de base para o presente tópico.[124] Esta visão possibilitou variações aos conceitos até então desenvolvidos, utilizando-se, inclusive, da fragilidade da sociedade diante da criminalidade violenta.

A finalidade (externa) com a criação do Direito Penal do Inimigo é a criação de dois modelos distintos. O referido autor considera, inicialmente, que todo acusado, na vigência do Direito Penal clássico, é tratado como pessoa, reconhecendo-se que o ato delituoso por ele praticado é uma conduta humana. Também aborda, brevemente, a função da pena neste modelo; para o autor, essa possui a função de prevenção geral positiva, ou seja, atua como um reforço da norma penal. Neste momento, o doutrinador já demonstra preocupação em limitar a liberdade daqueles que cometeram crimes, mas, sobretudo, daqueles que possuem tendência a cometer fatos delitivos de considerável gravidade.

Günther Jakobs também refere, preliminarmente, que, para a teoria contratualista, aquele que infringe o regramento imposto, visando ao bom convívio social, deveria ser considerado inimigo. Ressalta que alguns criminosos merecem serem tratados como cidadãos. Apresenta, para tanto, duas justificativas: o delinqüente tem o direito de voltar a ajustar-se à sociedade e o dever de proceder à reparação. Cabe destacar que esse Direito

---

[123] ZAFFARONI, Eugenio Raúl. *O inimigo no direito penal*. Rio de Janeiro: Revan, 2007.

[124] JAKOBS; CANCIO MELIÁ, 2005, op. cit.

Penal clássico deveria ser direcionado unicamente a pessoas que não persistem em delinqüir por princípios.

Em contrapartida ao Direito Penal do Cidadão, apresenta-se o outro modelo, a saber, o Direito Penal do Inimigo, tendo como foco o sujeito que delinqüe por princípios. Aos inimigos, como afirma Günther Jakobs, *é só coação física, até chegar à guerra.*[125] No primeiro Direito, o sujeito faria jus ao *status* de pessoa; já no segundo, não, devendo ser tratado como inimigo. Em outras palavras, o inimigo não aceitou o Estado, desrespeitando-o; deste modo, esse ente não precisa respeitá-lo como cidadão.

Temerosamente, Günther Jakobs afirma que o *Direito Penal do Cidadão mantém a vigência da norma* [prevenção geral negativa], *o Direito Penal do Inimigo combate o perigo.*[126]

A criminalização avança para os atos anteriores ao início da execução da conduta delitiva. A pena e a atuação estatal, neste caso, são vistas como instrumento de segurança da sociedade em relação a atos futuros e não somente como resposta aos atos cometidos, configurando-se um modo mais eficaz da teoria da prevenção geral positiva da pena. Desta maneira, apresenta-se a situação como uma guerra entre o Estado e o inimigo, visto que o vencedor determina as regras ou a ausência delas.

O referido autor também faz referência aos atos ocorridos no dia 11 de setembro de 2001 nos Estados Unidos da América. Ele conceitua como terroristas aqueles que rechaçam, *por princípio, a legitimidade do ordenamento jurídico, e por isso persegue a destruição dessa ordem.*[127]

O mesmo doutrinador questiona se a fixação exclusivamente da categoria delito não impõe ao Estado uma atadura; existe, aqui, porém, a necessidade de respeitar o "inimigo" como pessoa. O autor apresenta a existência da categoria Direito Penal do Inimigo como resguardo ao cidadão que, porventura, comete um crime. Do contrário, comenta o citado autor, poderiam ser mesclados os conceitos de guerra e Processo Penal. Neste sentido, assevera:

> Quem não quer privar o direito penal do cidadão de suas qualidades vinculadas à noção de Estado de Direito deveria chamar de outra forma aquilo que tem que ser feito contra os terroristas, se não se quer sucumbir, isto é, deveria chamar direito penal do inimigo, guerra contida.[128]

---

[125] JAKOBS; CANCIO MELIÁ, 2005, op. cit., p. 30.

[126] JAKOBS; CANCIO MELIÁ, loc. cit.

[127] Ibid., p. 36.

[128] Ibid., p. 37.

Ao final, após identificar o inimigo, o Estado teria condições de intervenção no seu planejamento – estágio anterior à conduta –, ou seja, o fato futuro, visto que a pena é uma espécie de *custódia de segurança antecipada*.[129] O tratamento dirigido ao inimigo é o mais drástico possível, pois esse não faz jus a qualquer garantia, afinal, é um inimigo e não um sujeito de direitos.

Verificam-se, nos argumentos apresentados, resumidamente, três questões relevantes que merecem desenvolvimento: a exclusão do *status* de cidadão de determinadas pessoas (inimigo); a identificação arbitrária do inimigo e a atuação preventiva do Estado em relação ao inimigo.

Günther Jakobs considera que o inimigo não deve ser tratado como pessoa, mas como inimigo, já que desconsidera, através de seus atos, a existência do próprio Estado.[130] Além de realizar, claramente, uma divisão entre os indivíduos do bem e os indivíduos do mal que integram a sociedade, elimina o caráter de cidadão dos últimos, desconsiderando ser essa uma conquista e um bem indisponível de um Estado Democrático de Direito.[131]

O Estado teria o condão de identificar quem é o inimigo da sociedade, existindo, neste modelo, a regulamentação especial para eles, na qual há a autorização a todo tipo de tratamento, já que esse seria realizado em desfavor de um inimigo.

Por derradeiro, cria o referido autor uma "nova" função para pena: a prevenção antecipada. Em outros termos, poder-se-ia afirmar que essa é uma nova modalidade de prevenção especial negativa. Até então, as modalidades de prevenção do crime tinham na origem da intervenção estatal uma conduta delituosa. Para Günther Jakobs, é desnecessário aguardar a ação do agente e a lesão a algum bem jurídico dos cidadãos. Neste sentido, o Estado deve antecipar-se, agindo contra o inimigo desde o planejamento das futuras condutas delituosas. Acaba-se, aqui, com o princípio da lesividade, bem como se adota, nitidamente, o ideal do chamado Direito Penal do Autor em detrimento do Direito Penal do Ato.

---

[129] JAKOBS; CANCIO MELIÁ, 2005, op. cit., p. 38.

[130] "Quem não presta uma segurança cognitiva suficiente de um comportamento pessoal, não só não pode esperar ser tratado ainda como pessoa, mas o Estado não deve tratá-lo, como pessoa, já que do contrário vulneraria o direito à segurança das demais pessoas". Ibid., p. 42.

[131] Jacinto Nelson de Miranda Coutinho afirma que *as respostas, portanto, em um Estado Democrático de Direito (para onde queremos marchar enquanto coletividade), só podem advir dos estritos limites da lei, que deve alcançar e ser cumpridas a todos*. Acrescenta-se – ainda que possa ser tautológico – que esta lei deve respeitar os princípios desse modelo de Estado. Ver: COUTINHO, Jacinto Nelson de Miranda. A crise da segurança pública no Brasil. In: BONATO, Gilson (org.). *Garantias constitucionais e Processo Penal*. Rio de Janeiro: Lumen Juris, 2002 a, p. 182.

Ainda que sob a perspectiva clássica e acrítica foi abordado o tema do bem jurídico, sendo demonstrado que uma das missões do Direito Penal era a sua tutela. Para tanto, o Direito Penal, pela sua existência, inibiria práticas delituosas e reprimiria ações que lesionassem os referidos bens. Cabe destacar que em momento algum foi dissociada a atuação estatal, através do Direito Penal, da lesão ao bem jurídico; desta maneira, a atuação desse ente decorreria da prática de algum ato. Isso, que pode parecer óbvio, deve ser ressaltado diante de uma forte tendência que tem por fim a punição de acordo com as características pessoais e com a suposta propensão ao cometimento de crimes e não, específica e unicamente, por atos praticados. Em outras palavras, não se necessitaria de lesão a um bem jurídico para que ocorresse a intervenção penal.

Tal posição vai ao encontro da idéia predominante do Estado de Polícia que objetiva manter a relação hierárquica de forma imutável. Fala-se, aqui, da importante diferenciação existente entre um Direito Penal do Ato – procurando a atuação do Estado a partir da realização de uma ação – e do Direito Penal do Autor, cuja atuação do Estado seria provocada pelas características pessoais dos envolvidos no conflito. A aplicação do poder punitivo na segunda concepção caminha no mesmo sentido da atuação dessa forma de poder como uma verdadeira fábrica de seres humanos, excluídos da sociedade. Pode-se afirmar que o Direito Penal do Ato apresenta forte ligação com o Direito Penal Garantidor, e o Direito Penal do Autor converge para o Direito Penal Autoritário.[132] Embora existam diferenças entre o Direito Penal do Inimigo e o Direito Penal do Autor, a presente relação tem por objetivo demonstrar que, em ambas as situações, parte-se de premissa inadequada, violando-se a indispensabilidade da lesão ao bem jurídico para a atuação penal.

Eugenio Raúl Zaffaroni e José Henrique Pierangeli reconhecem a visão de Direito Penal do Autor acima exposta como uma corrupção do Direito Penal, a qual deve reconhecer e respeitar a autonomia moral da pessoa, jamais tendo legitimidade para punir o ser, mas somente o seu agir, já que o Direito regula as condutas humanas.[133] [134]

Cria-se a imagem de pessoas perigosas assim como o pensamento de que o seu mínimo desvio deveria ser tratado como um indício de um

---

[132] ZAFFARONI, Eugenio Raúl. *Em busca das penas perdidas*: a perda da legitimidade do sistema penal. 5. ed. Rio de Janeiro: Revan, 2001, p. 279.

[133] ZAFFARONI, Eugenio Raúl; PIERANGELI, José Henrique. *Manual de Direito Penal brasileiro*: parte geral. 5. ed. São Paulo: Revista dos Tribunais, 2004, p. 115-116.

[134] No mesmo sentido, ver: CARVALHO, Salo de; CARVALHO. Amilton Bueno de. *Aplicação da pena e garantismo*. 2. ed. Rio de Janeiro: Lumen Juris, 2002, p. 7-8, 17-18.

suposto estado de periculosidade. A partir de então, formalizam-se os preconceitos através do Direito Penal, excluindo, de forma "legal", determinadas pessoas da sociedade. Confunde-se a culpabilidade de ato com a culpabilidade de autor, visto que, por vezes, aquele que reitera na prática delituosa possui menor culpabilidade por tudo o que vivenciou, ao cumprir uma pena, e pelo estereótipo que foi criado sobre ele.[135] E o mais delicado, como alertou Eugenio Raúl Zaffaroni, é que o *grau de periculosidade – e, portanto, a necessidade de contenção – dependerá sempre do juízo subjetivo do individualizador que não é outro senão o de quem exerce o poder.*[136]

Quando ocorre a opção pelos modelos penais do autor, a lei, nos dizeres de Luigi Ferrajoli, altera a sua função:

> A lei, neste caso, não proíbe nem regula comportamentos, senão configura *status* subjetivos diretamente incrimináveis: não tem função reguladora, mas constitutiva dos pressupostos da pena; não é observável ou violável pela omissão ou pela comissão de fatos contrários a ela, senão constitutivamente observada e violada por condições pessoais, conformes ou contrárias. (...) Trata-se, com efeito, de uma técnica punitiva que criminaliza imediatamente a interioridade ou, pior ainda, a identidade subjetiva do réu e que, por isso, tem um caráter explicitamente discriminatório, alem de antiliberal.[137]

Cabe ressaltar que relevar características pessoais dos autores em detrimento dos seus atos faz crer que se esteja retornando a um modelo de Direito – Direito Penal, especificamente – que não separa o Direito da Moral. Tal idéia, de acordo com a secularização do Estado, é inadmissível.

Apesar destes argumentos e teses, como a do Direito Penal do Inimigo – que, repita-se, nada tem de novo – serem aceitos pelo povo, esse reconhece neles uma esperança de alteração do *status quo* e uma forma de proteção em relação ao inimigo; desta forma, cada um dos que assim pensam são integrantes – nas suas mentes – do lado bom da sociedade.[138]

---

[135] Nesse sentido: "É nesse ponto que surge uma nova contradição: a prática policial exige que sejam impostas penas maiores àquelas pessoas que já cometeram outros delitos e foram condenadas anteriormente. Com freqüência, a culpabilidade destas é menor, porque sua origem de classe e escassa escolaridade lhes reduziram o espaço social, e as criminalizações anteriores os estigmatizaram e os deterioraram, diminuindo-o ainda mais". Ver: ZAFFARONI, Eugenio Raúl; BATISTA, Nilo; ALAGIA, Alejandro; SLOKAR, Alejandro. *Direito Penal brasileiro:* teoria geral do Direito Penal. 2. ed. v. 1. Rio de Janeiro: Revan, 2003, p. 120-121.

[136] ZAFARONI, 2007, op. cit., p. 25.

[137] FERRAJOLI, 2002, op. cit., p. 80-81.

[138] Sobre o tema, ver o interessante artigo de Daniel Gerber. Ver: GERBER, Daniel. Direito Penal do Inimigo: Jakobs, nazismo e a velha estória de sempre. In: SCHMIDT, Andrei Zenkner. *Novos rumos do Direito Penal contemporâneo.* Rio de Janeiro: Lumen Juris, 2006.

Verifica-se, por tudo o que foi exposto, que o Direito Penal do Inimigo, ao identificar determinados grupos como infratores, não se configura como um Direito Penal do Fato, mas sim como um Direito Penal do Autor.[139] Desta forma, além do caráter punitivo exacerbado, esses pensadores ainda se utilizam do Direito Penal como um símbolo de atuação estatal na busca de segurança social. Tem-se a ilusão, conforme já manifestou Francesco Carnelutti, que o mundo pode ser dividido entre os civilizados e os incivilizados ou, no mesmo sentido, entre os homens canalhas e os honestos, até porque não há alguém totalmente honesto nem totalmente canalha.[140]

O legislador está definindo os inimigos da sociedade e cerceando desses as suas garantias fundamentais, assim como a sua condição de cidadãos. Neste sentido, Manuel Cancio Meliá comenta que *"'Direito Penal do Cidadão' é um pleonasmo; 'Direito Penal do Inimigo', uma contradição em seus termos"*.[141]

O Direito Penal do Inimigo, nesse sentido, fornece nova ideologia, densificadora do movimento de nova defesa social,[142] ao modelo integrado. Vejamos:

Günther Jakobs cria, em relação ao Direito Penal e à própria pena, uma função de prevenção de novos crimes através de dois principais mecanismos: a prevenção geral positiva, já que a imagem do Estado, ao verificar que está sendo propiciada imediata resposta ao ato criminoso, está sendo reforçada, ao criar, desta forma, no cidadão, confiança no Estado, deixando aquele de cometer novos delitos. Além disso, a prevenção especial negativa considera que o Estado não só impediria o cometimento de mais crimes por parte daquele indivíduo – já que esse está recluso – como também impediria o cometimento do próprio crime em julgamento, já que, como foi narrado, o Estado poderia atuar a partir do momento que identifica o inimigo, independentemente desse ter agido. Ainda, o princípio da lesividade é diretamente violado, pois inexiste a lesão ou o perigo de lesão ao bem jurídico como requisito para a criminalização da conduta, bastando, portanto, que o Estado considere a periculosidade do agente considerado inimigo.

---

[139] JAKOBS; CANCIO MELIÁ, 2005, op. cit., p. 75.

[140] CARNELUTTI, Francesco. *As misérias do Processo Penal.* Campinas: Bookseller, 2002, p. 82.

[141] JAKOBS; CANCIO MELIÁ, 2005, op. cit., p. 54.

[142] Salo de Carvalho afirma que: "O movimento da Nova Defesa Social constitui-se, desde a década de quarenta, como um dos principais aglutinadores do pensamento antigarantista sobre o fenômeno delitivo, estabelecendo como finalidade precípua a negação dos sistemas penalógicos de retribuição característicos das doutrinas penais 'clássicas' do final do século XVIII. Representaria, pois, uma 'nova concepção de luta contra a delinqüências' a partir da reconstrução integrada de direito e processo penal, criminologia e política criminal". (CARVALHO, 2003 b, op. cit., p. 74.)

O Processo Penal, no modelo de Günther Jakobs, seria um efetivo instrumento de punição, não existindo qualquer preocupação na preservação de garantias, porque essas seriam limitadas aos cidadãos e não aos inimigos.

Em relação à política criminal, verifica-se que o Direito Penal do Inimigo atua em harmonia com os movimentos repressivistas de Lei e Ordem e Janelas Quebradas. Todos imputam ao Direito Penal a função de prevenir o cometimento de crimes, desprezando-se os Direitos Humanos. A distinção que pode ser identificada do Direito Penal do Inimigo em relação aos citados movimentos repressivistas é justamente a de fornecer novos elementos para uma ideologia que contribui para reforçar o modelo integrado de caráter repressivista.

O fato é que o Direito Penal sempre demonstrou ter caráter de pessoalidade subjetiva em seu discurso, relevando perigosos critérios de periculosidade. Por isso, muito mais do que buscar a renovação do discurso político-criminal decorrente da doutrina penal e processual penal, buscaremos, seguindo a lição de Eugenio Raúl Zaffaroni abaixo transcrita, renovar os próprios conceitos doutrinários penais e processuais penais:

> Se, na realidade, o direito penal sempre aceitou o conceito de inimigo e este é incompatível com o Estado de direito, o que na verdade seria adequado a ele seria uma renovação da doutrina penal corretora dos componentes autoritários que a acompanharam ao longo de quase todo seu percurso ou, em outras palavras, um ajuste do direito penal que o compatibilize com a teoria política que corresponde ao Estado constitucional de direito, depurando-o, dos componentes próprios do Estado de polícia, incompatíveis com seus princípios.

Parte II

Crítica e refundação dos modelos integrados de Ciências Penais

Introdução

Pretende-se, nesta segunda parte do livro, apresentar outro modelo integrado de Ciências Penais a partir da desconstrução do modelo até então exposto. A estrutura é similar à desenvolvida, isto é, inicia-se com análise do Direito e do Processo Penal, prosseguindo com as suas conseqüências político-criminais. No entanto, cada argumento será relacionado com as suas funções, precedido de crítica aos conceitos já desenvolvidos. Pode ser adiantada que a grande diferença é a tentativa de adequar este segundo modelo ao Estado de Direito e, conseqüentemente, a necessidade de tutela dos Direitos Humanos.

É importante, neste momento de delimitações, antes de se investigar criticamente os conceitos do modelo integrado de Ciências Penais, identificar as características do Estado de Direito constitucionalmente assegurado, o qual se opõe ao Estado de Polícia. Desta forma, ao ser conhecido o modelo de Estado que se busca, será possível concretizar a função e a importância da dogmática constitucional-penal (crítica), a qual tem o dever, na vigência do Estado de Direito, de atuar como um limitador de normas penais e práticas infraconstitucionais frente aos princípios previstos na Carta Magna:

> No caso brasileiro, a interpretação da lei penal incriminadora, ou, dito de outra maneira, a fidelidade do juiz à lei penal incriminadora, reveste-se das seguintes peculiaridades: a lei penal que tutela situações discriminatórias ou voltadas à perpetuação das desigualdades sociais fere o pacto social, viola a Constituição da República e é inválida. Cabe ao juiz deixar de aplicá-la.[143]

---

[143] PRADO, Geraldo. Processo penal e estado de direito no Brasil: considerações sobre a fidelidade do juiz à lei penal. *Revista de Estudos Criminais,* Sapucaia do Sul, n. 14, p. 111, 2004, a.

1. Pressuposto constitucional: Estado de Direito

Pode-se afirmar que o Estado de Direito é concebido como o que submete todos os habitantes à lei e opõe-se ao Estado de Polícia, onde todos os habitantes estão subordinados ao poder daqueles que mandam.[144] Entretanto, importante desde já salientar que não há modelos de Estados perfeitos, mas sim modelos que possuem uma preponderância de Direito ou de Polícia.[145]

Os governantes, no Estado de Polícia, exercem o poder por eles mesmos elaborados e que os privilegia em detrimentos dos menos favorecidos econômica e socialmente. Essas pessoas que compõem o governo são consideradas como indivíduos capazes de diferenciar o que é bom do que é ruim, e todos os cidadãos, concordando ou não com a decisão, devem respeitá-las.

Por outro lado, o Estado de Direito permite que a maioria da sociedade decida o que pretende para si. A decisão da maioria será aplicada e transformada em regra, sendo válida para todos, independentemente de terem pertencido à maioria ou à minoria. Deve-se manifestar que, por vezes, excepcionalmente, o modelo optado pela maioria culmina em um Estado de feição policialesca. Verifica-se, de pronto, que a segunda diferença em relação ao Estado de Polícia é a existência de regras pré-definidas e válidas para todos os seres humanos, os quais são igualmente considerados dentro do Estado de Direito.

As características acima apresentadas levariam a modelos ideais, tanto de Estados de Polícia quanto de Estados de Direito. Verifica-se na história e, inclusive, no presente, que o que há é a preponderância de um modelo sobre o outro. Tem-se, por exemplo, um modelo de Estado de Direito com

---

[144] ZAFFARONI; BATISTA; ALAGIA; SLOKAR, 2003, op. cit., p. 41.

[145] ZAFFARONI; BATISTA; ALAGIA; SLOKAR, loc. cit.

algumas características do modelo de Estado de Polícia ou ao contrário. É necessário, a partir do conhecimento das características de cada modelo, identificá-las dentro do modelo de Estado existente para tentar minimizar os efeitos das características do modelo não-adotado.

Estaríamos diante dos tipos-ideais trabalhados por Max Weber, os quais, segundo ele, não interessam como fim, mas sim como meio do conhecimento.[146] Adequada, talvez, é a visão de que é impossível encontrar empiricamente esse quadro – de modelo de Estado – na sua pureza conceitual, pois se trata de estereótipo utópico.[147] Diante disso, pode não ser considerada uma hipótese real, porém pode apontar o caminho para a formação das hipóteses.[148]

Essa identificação é importante quando se trata de Direito Penal dentro do modelo de Estado escolhido. Uma diferenciação importante é em relação à resolução ou à suspensão dos conflitos existentes na sociedade. Na perspectiva do Estado de Direito se pretende resolver os conflitos sociais e, por conseguinte, as suas agências são concebidas como provedoras de soluções, ao passo que o Estado de Polícia deseja suprimir os conflitos, tendo, nesse sentido, as suas agências uma função de realizar a vontade supressiva.[149]

A solução ou a supressão dos conflitos acontece de acordo com o modelo preponderante (Estado de Polícia ou Estado de Direito). No primeiro, a supressão dos conflitos ocorrerá com base na disciplina hierarquicamente estabelecida. Parte-se da idéia de que, se cada indivíduo se mantiver em seu nível hierárquico, não haverá conflitos. É importante assinalar que essa determinação é feita por aqueles que estão na camada superior da hierarquia estatal. Além do objetivo de manter a situação hierárquica, verifica-se forte caráter discriminatório, já que a distinção será realizada, tendo por base não só a classe social, mas também o gênero, a etnia, a opção sexual, a condição financeira e outros fatores. Na contramão do que está apresentado em relação ao Estado de Polícia, verifica-se que por vezes esse Estado perpassa os níveis hierárquicos, a partir do momento em que o poder é atribuído aos menos favorecidos. Já no segundo, buscar-se-á, sempre, a

---

[146] WEBER, Max. A "objetividade" do conhecimento nas ciências sociais. In: COHN, Gabriel. *Max Weber*. 7. ed. São Paulo: Ática, 2000, p. 108. Id., *Ensaios de sociologia*. Rio de Janeiro: Jorge Zahar, 1979, p. 73-80.

[147] WEBER, 2000, op. cit., p. 107.

[148] WEBER, loc. cit.

[149] ZAFFARONI; BATISTA; ALAGIA; SLOKAR, 2003, op. cit., p. 93-95. PRADO, Geraldo. *Elementos para uma análise crítica da transação penal*. Rio de Janeiro: Lumen Juris, 2003 a, p. 67 ss. WUNDERLICH, Alexandre. A vítima no processo penal. In: WUNDERLICH, Alexandre; CARVALHO, Salo de. Rio de Janeiro: Lumen Juris, 2005, p. 15-56.

resolução dos conflitos, possibilitando, desta forma, a manutenção da paz social. A solução almejada visa satisfazer ambas as partes, tendo como pressupostos as normas já estabelecidas. Verifica-se, no Estado de Direito, uma preocupação com todos os envolvidos no conflito e com o respeito às normas preexistentes, independentemente de quem venham a favorecer, visto que todos são considerados igualmente dignos. Está claramente presente nesta perspectiva de Estado o respeito ao princípio da igualdade.[150]

O exercício do poder punitivo é resquício do Estado de Polícia existente no modelo de Estado de Direito. Por este motivo, também, a sua limitação, através do Direito e Processo Penal, é indispensável, pois a idéia de Estado de Direito minimiza as conseqüências negativas daquele poder punitivo. Assim, diversos são os princípios que integram o Direito e o Processo Penal e devem ser aplicados como forma de limitação do poder punitivo. São garantias das quais não se pode abrir mão, sob pena de se ter uma preponderância do Estado de Polícia sobre o Estado de Direito. O sistema penal tem um objetivo político: fornecer instrumentos aos seus operadores, possibilitando a efetiva limitação do poder punitivo e a conseqüente vigência segura do Estado de Direito, o qual tem como tripé de sustentação a tripartição dos poderes; leis de caráter social; e a defesa dos Direitos Humanos.

O poder punitivo não pode ter por objetivo a resolução de conflitos, já que deixa uma parte (a vítima) fora de seu modelo. No máximo pode aspirar suspendê-los (os conflitos), deixando que o tempo os dissolva, o que está muito longe de ser uma solução.[151] Nestes termos, mais uma vez fica nítida a presença do Estado de Polícia, através do exercício do poder punitivo, dentro do Estado, o qual é preponderantemente de Direito.

---

[150] Celso Antônio Bandeira de Mello identifica os momentos em que o princípio da igualdade é lesionado:

"I – A norma singulariza atual e definitivamente um destinatário determinado, ao invés de abranger uma categoria de pessoas, ou uma pessoa futura e indeterminada.

II – A norma adota como critério discriminador, para fins de diferenciação de regimes, elemento nãoresidente nos fato, situações ou pessoas por tal modo desequiparadas. É o que ocorre quando pretende tomar o fato 'tempo' – que não descansa no objeto – como critério diferencial.

III – A norma atribui tratamentos jurídicos diferentes em atenção a fato de discrímen adotado que, entretanto, não guarda relação de pertinência lógica com a disparidade de regimes outorgados.

IV – A norma supõe relação de pertinência lógica existente em abstrato, mas o discrímen estabelecido conduz a efeitos contrapostos ou de qualquer modo dissonantes dos interesses prestigiados constitucionalmente.

V – A interpretação da norma extrai dela distinções, discrimens, desequiparações que não foram professadamente assumidos por ela de modo claro, ainda que por via implícita". BANDEIRA DE MELLO, Celso Antônio. Conteúdo jurídico do princípio da igualdade. 3. ed. São Paulo: Malheiros, 2004, p. 47-48".

[151] ZAFFARONI; BATISTA; ALAGIA; SLOKAR, 2003, op. cit., p. 41.

2. Modelos integrados de ciências penais e respeito aos direitos humanos

Ao se falar em Direitos Humanos no Brasil, o imaginário popular, através da opinião publicada, entende ser um instrumento em favor dos delinqüentes, prejudicando os bons cidadãos. Desta forma de pensar, duas conclusões são possíveis: considera-se que os Direitos Humanos não são para toda a sociedade, ao serem beneficiados somente os autores de delitos, dividindo-se a sociedade, deste modo, em "bons" e "maus" cidadãos;[152] além disso, não se sabe qual é o conceito e a abrangência dos Direitos Humanos.

Contudo, Ciências Penais e Direitos Humanos não são conceitos antagônicos. Pelo contrário, a razão de existir do Direito Penal e do Processo Penal é de atuarem como instrumentos limitadores do poder punitivo e, conseqüentemente, efetivarem os Direitos Humanos. Em outras palavras, o modelo integrado de Ciências Penais deve ser instrumento de efetivação dos Direitos Humanos.

Diante de tais considerações, pode-se chegar bem perto à resposta da questão principal que motivou o presente texto, ou seja, qual é a função das ciências que compõe o modelo integrado, tanto isoladamente como em seu conjunto. E a resposta identificada é que as Ciências Penais são o instrumento efetivo de tutela dos Direitos Humanos, limitando, assim, o exercício do poder punitivo. Verifica-se, desta forma, que somente pode ser assim considerado o modelo que possui as premissas apresentadas nesta segunda parte da pesquisa. Resta, porém, definir o que entendemos por Direitos Humanos.

Norberto Bobbio, bem como outros autores da escola positivista, conceituam Direitos Humanos em gerações, criando-se, desta maneira, um conceito ocidental de Direitos Humanos.[153] Entretanto, esses existem em benefício de todos os cidadãos, apresentando a função de maximinzação

---

[152] STRECK, Lenio. *Tribunal do Júri*: símbolos e rituais. 3. ed. rev. mod. e ampl. Porto Alegre: Livraria do Advogado, 1998, p. 66.

[153] BOBBIO, Norberto. *A era dos direitos*. Rio de Janeiro: Campus, 1992.

das garantias individuais. Em relação ao conceito, Joaquín Herrera Flores caracteriza os Direitos Humanos como sendo o:

> conjunto de procesos dinámicos de confortación de intereses que pugnan por ver reconocidas sus propuestas partiendo de diferentes posiciones do poder. Desde aquí los derechos humanos deben ser definidos como eso, como sistemas de objetos (valores, normas, instituciones) y sistemas de acciones (práctica sociales) que posibilitan la apertura y la consolidación de espacios de lucha por la dignidad humana.[154]

Prossegue o referido autor, afirmando que:

> Los derechos humanos no son meras aspiraciones de retorno a una naturazela humana paradisíaca, ni exclamaciones de denuncia por valores perdidos en la nebulosade una historia idealizada. Los derechos humanos son respuestas jurídicas, económicas, políticas y culturales a relaciones sociales rotas o en constitució, que es preciso reconstruir o apoyar desde una idea plural, diversificada y contextualizada de dignidad humana.
>
> (...)
>
> los derechos humanos no constituyen únicamente la denuncia que pretende restaurar algún conjunto de valores perdidos, sino una vía para la construcción de bases de la convivencia humana.[155]

Deve-se identificar que o Estado necessita ser o maior guardião dos Direitos Humanos. O mesmo autor citado identifica a forma ocidental de ver e atuar no mundo a partir da separação da Economia das demais instituições sociais. Há, pois, três pressupostos: a Economia, como uma esfera absolutamente diferenciada do social; o indivíduo egoísta, como um sujeito; a ganância, como norma de atuação.[156]

O que se entendia por Economia foi se alterando com a (in)evolução dos tempos, ou seja, passou-se de um processo coletivo de proporcionar condições de vida para uma competitiva luta de indivíduos egoístas. De todos os desejos e necessidades dos homens, os únicos que eram satisfeitos relacionavam-se com o dinheiro, através de aquisições.[157] Desta forma, os Direitos Humanos estariam reduzidos a direitos mercantilizados, chegando ao ponto de se considerar qualidade de vida a posse de objetos, tendo o homem o seu valor baseado no que tem e não naquilo que é.[158] Como bem elucida Joaquín Herrera Flores:

---

[154] HERRERA FLORES, Joaquín. Hacia una visión compleja de los derechos humanos. In: ——. (org.). *El vuelo de anteo: derechos humanos y crítica de la razón liberal.* Bilbao: Desclée, 2000, p. 52.

[155] Idem. Prestación. In: ——; SÁNCHEZ RUBIO, David; CARVALHO, Salo de (orgs.). *Anuário Ibero-Americano de Direitos Humanos (2001/2002).* Rio de Janeiro: Lumen Juris, 2002, p. xv.

[156] Id., 2000, op. cit., p. I.

[157] HERRERA FLORES, 2000, op. cit., p. II.

[158] WUNDERLICH, Alexandre. Sociedade de consumo e globalização: abordando a teoria garantista na barbárie. (Re)afirmação dos direitos humanos. In: ——; CARVALHO, Salo de (orgs.). *Diálogos sobre a Justiça dialogal.* Rio de Janeiro: Lumen Juris, 2002, p. 3.

Muchas de las propuestas han sofrido um constante processo de inversión, que há hecho que lo conseguido acabe siempre por favorecer a los privilegiados, em detrimento constante de los menos favorecidos em esse desigual e injusto reparto de recursos. [159]

O estudo dos Direitos Humanos é, por excelência, complexo.[160] Quando tratado de forma simples pode acarretar desastrosos resultados. É ilusão pensar que, estudando isoladamente os textos legais, estar-se-á tratando dos Direitos Humanos. Neste sentido, não se pode limitar o conceito de Direitos Humanos a "pactos" e a "declarações". Como já foi demonstrado, devem-se relacionar os Direitos Humanos com o conjunto de processos (normativos, institucionais e sociais) que criam e consolidam espaços de luta pela dignidade humana;[161] deve-se, pois, conhecer o contexto em que estamos situados. A partir do conhecimento das transformações do contexto social, podem-se preparar novas fórmulas de luta e de ação social,[162] até porque o contexto social atual não é o mesmo que se tinha em 1948, quando da promulgação da Declaração Universal dos Direitos Humanos.

Joaquín Herrera Flores[163] propõe, deste modo, o estudo dos Direitos Humanos a partir de uma perspectiva nova,[164] integradora,[165] crítica[166] e contextualizada.[167]

---

[159] HERRERA FLORES, 2000, op. cit., p. III.

[160] Para Joaquín Herrera Flores, "Los derechos humanos deben ser estuduados y llevados a la práctica, primero, desde un saber crítico que desvele las elecciones y confictos de interesses que se hallan detrás de todo debate preñado de ideologia, y, segundo, insertándolos en los contextos sociales, culturales y políticos en que necessariamente nacen, se reproducen y se transforman". Ibid., p. 24.

[161] Ibid., p. IV.

[162] HERRERA FLORES, 2000, op. cit., p. 23.

[163] Ibid., p. 43.

[164] Estamos diante de um novo contexto. Deve-se estar preparado para a ideologia neoliberalista agressiva que tenta acabar com as conquistas sociais. Assegurar tais conquistas já é um ótimo começo na luta pela dignidade humana.

[165] Diferentemente da visão tradicional de direitos humanos, os autores que serão investigados entendem que não há duas camadas de direitos humanos (os individuais e os sociais, econômicos e culturais). Há somente uma classe: trata-se de direitos humanos para todos; neste sentido, os direitos estão globalizados. Já os problemas vêm fracionados e devemos nos adaptar a eles para superá-los.

[166] Neste tópico deve-se compreender a estreita relação entre política de desenvolvimento e Direitos Humanos – eles precisam caminhar juntos. Conforme Joaquín Herrera Flores, não existe desenvolvimento se não são respeitados os Direitos Humanos. No mesmo sentido, para que sejam respeitados os direitos humanos, deve-se ter um desenvolvimento integral, comunitário, local. Ver: HERRERA FLORES, 2000, op. cit., p. 45-46.

[167] Ao estudar os direitos humanos, parte-se das lutas dos grupos sociais que promovem a emancipação humana. Trata-se de um intervencionismo humanitário com práticas sociais que se contrapõe com as práticas institucionais tradicionais.

Desta maneira, a construção de um novo paradigma depende de uma tríplice estratégia teórica: conhecer, definir e demarcar o Direito. Neste sentido, deve-se saber interpretar o mundo, delimitando-se os horizontes da utopia e situando os Direitos Humanos nesse prisma.[168] Deve-se consignar, ainda, que como toda teoria crítica, parte-se de uma visão dos excluídos, ou seja, daqueles que não estão sendo beneficiados com o sistema vigente.[169] Em outras palavras, representa a defesa do débil contra o forte.[170]

Existem no mundo contemporâneo duas visões de Direitos Humanos. Há uma visão abstrata, vazia de conteúdos e de referências às circunstâncias reais das pessoas, e centrada em uma concepção ocidental[171] de Direito e valor de identidade. A outra é uma visão localista, cuja prática está centrada em relação a uma idéia particular de cultura, levando-se também em conta o valor da diferença.[172] Ambas visões possuem razões para serem defendidas. Entretanto, o problema inicia quando cada visão tenta inferiorizar as virtudes da outra. *"Lo relevante es construir una cultura de los derechos que recoja en su seno la universalidad de las garantías y el respeto por lo diferente. Pero esto supone ya otra visión que asuma la complejidad del tema que abordamos".*[173]

Ainda, a teoria dos Direitos Humanos da Escola de Sevilha pode ser aplicada para colocar em prática a premissa do garantismo,[174] fundada no "Direito Penal Mínimo e Estado Social Máximo".[175] Isso porque o garantismo teria a responsabilidade de minimizar o Direito Penal e, tendo

---

[168] HERRERA FLORES, 2000, op. cit., p. 46 ss.

[169] SENENT DE FRUTOS, Juan Antonio. Notas sobre una teoría crítica de los Derechos Humanos. In: SÁNCHEZ RUBIO, David; HERRERA FLORES, Joaquín; CARVALHO, Salo de (orgs.). *Anuário Ibero-Americano de Direitos Humanos (2001-2002)*. Rio de Janeiro: Lumen Juris, 2002, p. 120.

[170] Ibid., p. 124.

[171] Em relação a esse pensamento ocidental, Alexandre Wunderlich manifesta-se da seguinte forma: "Nesse ponto, inicialmente, deve-se aceitar a crítica à visão universalista dos direitos humanos que, como se sabe, transcendem os direitos denominados constitucionalizados ou fundamentais. Os direitos não pertencem ao Ocidente, pois não são direitos exclusivos do Ocidente". WUNDERLICH, 2002, op. cit., p. 28.

[172] Nesse sentido, ver: HERRERA FLORES, 2000, op. cit., p. 68.

[173] HERRERA FLORES, loc. cit.

[174] Para Luigi Ferrajoli, "Garantismo, com efeito, significa precisamente a tutela daqueles valores ou direitos fundamentais, cuja satisfação, mesmo contra os interesses da maioria, constitui o objetivo justificante do direito penal, vale dizer, a imunidade dos cidadãos contra a arbitrariedade das proibições e das punições, a defesa dos fracos mediante regras do jogo iguais para todos, a dignidade da pessoa do imputado, e, conseqüentemente, a garantia da sua liberdade, inclusive por meio do respeito à sua verdade". FERRAJOLI, 2002, op. cit., p. 271.

[175] De acordo com Salo de Carvalho: "Daqui nasce a prolatada fórmula do projeto democrático garantista: Estado e direito mínimo na esfera penal (direitos e garantias sobre os quais não se pode decidir), Estado e direito máximo na esfera social (direitos e garantias que o Estado não pode deixar de satisfazer)". CARVALHO, 2003 b, op. cit., p. 109.

por base a teoria dos Direitos Humanos, maximizar-se-ia o Estado Social. Nesse sentido, Joaquín Herrera Flores:

> Al reducir la racionalidad a la coherencia interna de reglas y principios, la visión abstracta obviará algo muy importante para ele entendimiento de la sociedad y de los derechos: las reglas e principios reconocidos jurídicamente estará sometidos a las exigencias de coherencia y falta de lagunas internas. Pero, a su vez, esta racionalizació de lo real en términos jurídicos no tendrá en consideración la irracionalidad de las premissas sobre las que se sostiene y a las cuales pretende conformar desde su lógica y su coherencia. Este es el límite de todo garantismo jurídico; de toda invocación formal o neutral del Estado de derecho, de toda política representativa. Si la realidadse rige por el mercado y en éste no existe más racionalidad que la de la mano invisible, esa racionalidad irracional no podrá ser regida por la racionalidad racional del derecho, a menos que éste cumpla la misión de garantizar, no las libertades y derechos de los ciudadanos, sino las libertades y derechos necessarios para el mercado, la libre competencia y la maximización de los beneficios; o sea, todos aquellos a priori del liberalismoeconómico y político. [176]

Salo de Carvalho demonstra, através do garantismo, que:

> Todas as pessoas, independentemente de terem incorrido em sanção penal, preservam e devem ter asseguradas as condições de dignidade. O garantismo penal é, pois, um instrumento de salvaguarda de todos, desviantes ou não, visto que, em sendo estereótipo de racionalidade, tem como escopo minimizar a(s) violência (s) (publicas e/ou privadas).[177]

No mesmo sentido, é a teoria dos Direitos Humanos proposta por Joaquín Herrera Flores e outros autores:[178] *"Lo relevante es construir una cultura de los derechos que recoja em su seno la universalidad de las garantías y el respeto por lo diferente".*[179]

Alexandre Wunderlich também se posiciona nesse sentido:

> É de se pensar que mesmo em busca da esperada afirmação (real) dos direitos humanos numa sociedade aberta, plural e multicultural para o futuro, a contrapor-se ao modelo global de exclusão social e infringência de direitos, não se pode abdicar de um núcleo mínimo de ordenamento que, por suposto, deverá ser formado por premissas éticas, jurídicas e sociais. [180]

Tem-se partido de uma premissa de que, para se combater o crime, se necessita de uma legislação penal repressiva, de terror. Ignora-se a necessidade de um Estado social e economicamente forte. Como exemplo

---

[176] HERRERA FLORES, 2000, op. cit., p. 72.

[177] CARVALHO, 2003 b, op. cit., p. 96

[178] Alexandre Wunderlich, David Sánchez Rubio, Salo de Carvalho, entre outros.

[179] HERRERA FLORES, 2000, op. cit., 68.

[180] WUNDERLICH, 2002, op. cit., 40.

de questionamento aos métodos repressivistas já apresentados, foi criado um movimento que tem por propósito combater o terror, leia-se terror estatal. Trata-se de movimentos de resistência ou, em outras palavras, de limitação do poder. Como refere a Carta de Princípios do Movimento Antiterror,

> o objetivo desses profissionais e estudiosos do sistema criminal é o de sensibilizar os poderes do Estado para a gravidade humana e social representada por determinados projetos que tramitam no Congresso Nacional e que pretendem combater o aumento da violência, crime organizado e o sentimento de insegurança com o recurso de uma legislação de pânico. [181]

As manifestações da sociedade, incentivadas por uma mídia economicamente contente com constantes atos de violência, afinal, trata-se de rentável produto, são amplamente favoráveis à aplicação dessas leis de caráter repressivo. Todavia, é fato que *toda legislação moderna que tenta coibir a violência não tem alcançado seus objetivos*.[182] Para Jacinto Nelson de Miranda Coutinho,

> Por isso ser necessário tanto cuidado, tanta cautela, tanta precaução. Mais do que nunca é preciso não embarcar no discurso reformista por simples modismo, seguindo a corrente dominante quiçá pelo prazer da vitória fácil, no caso sempre aparente, imaginária, se diz respeito à destruição da democracia e ao auxílio da exclusão social.[183]

É importante destacar os objetivos (externo e interno) dessa política criminal que vivenciamos: o objetivo externo é a diminuição da criminalidade, e o objetivo interno possui caráter eminentemente discriminatório, tendo em vista que, ao atender aos anseios da sociedade, criados pela mídia, cultiva-se a simpatia dos eleitores, mas, principalmente, promove-se a manutenção das diferenças sociais e econômicas.

Por fim, deve-se ressaltar que, além das garantias constitucionais, integra – com destaque – o rol de medidas que visam à redução da criminalidade e à tutela dos Direitos Humanos, medidas sociais e econômicas, conforme destaca David Sánchez Rubio:

> Los sistemas de garantía jurídicos para hacerlos efectivos deben ir acompañados de más garantías. La mayor eficacia implica tramas políticas y sociales en todos los niveles. En ella, siempre los seres humanos y sus condiciones de vida marcan la referencia al intentar plasmar extensiva y universalmente su capacidad de dis-

---

[181] CARTA DE PRINCÍPIOS DO MOVIMENTO ANTITERROR. *Revista de Estudos Criminais*, Sapucaia do Sul, n. 10, p. 7, 2003.

[182] GAUER, 2003, op. cit., p. 15.

[183] COUTINHO, 2002 c, op. cit., p. 145.

frute y reapropriación de sus posibilidades. No hay que crer que sólo un derecho fundamental se hace valer cuando se incumple, una vez que se viola o se omite su promoción, estabeleciendo sistemas de garantías sin tener en cuenta el contexo de dominación e imperio en el que se situán.[184]

Em tal situação, a contra-argumentação é a escassez de recursos para investimento nas áreas socialmente desassistidas. Entretanto, concordamos com Helio Gallardo no sentido de que as condições para a efetivação dos Direitos Humanos devem ser produzidas – além disso, todos somos responsáveis por essa nova situação.[185]

Desta forma, identificando a vigência do Estado de Direito, o qual tem na base a tutela dos Direitos Humanos, é possível projetar qual modelo de Ciências Penais deve vigorar e qual a conseqüência da sua aplicação na política criminal.

---

[184] SÁNCHEZ RUBIO, David. Acerca de la democracia y los derechos humanos: de espejos, imágenes, cegueras y oscuridades. In: SÁNCHEZ RUBIO, David; HERRERA FLORES, Joaquín; CARVALHO, Salo de. (orgs.). *Anuário Ibero-Americano de Direitos Humanos (2001-2002)*. Rio de Janeiro: Lumen Juris, 2002, p. 89.

[185] GALLARDO, Helio. Derechos discriminados y olvidados. In: SÁNCHEZ RUBIO, David; HERRERA FLORES, Joaquín; CARVALHO, Salo de. (orgs.). *Direitos humanos e globalização: fundamentos e possibilidades desde a teoria crítica*. Rio de Janeiro: Lumen Juris, 2004, p. 61.

3. Crítica aos discursos de legitimação interna do direito penal: teoria agnóstica e redução de danos

3.1. O (FALACIOSO) DISCURSO SOBRE A MISSÃO DO DIREITO PENAL

Apresentamos os fins do Direito Penal de forma acrítica, visando estabelecer conceitos a partir do modelo integrado tradicional de Ciências Penais. Como conseqüência deste pensamento, tem-se uma política criminal repressivista. A partir de então, traça-se o objetivo de se realizar uma análise crítica daqueles institutos, adequando àquela que entendemos ser a real função do Direito Penal no vigente Estado Democrático de Direito. De início, voltaremos ao tema do bem jurídico.

É fundamental identificar o círculo criado neste raciocínio; inicialmente se coloca como missão do Direito Penal a tutela do bem jurídico e, em seguida, afirma-se que *bem jurídico é todo Estado Social pretendido que o Direito deseja assegurar contra lesões.*[186] Em outras palavras, o objetivo do Direito Penal é a tutela do bem jurídico, podendo esse ser conceituado *como todo valor da vida humana protegido pelo Direito.*[187]

Ao tratarmos do Direito Penal, tem-se como pressuposto que esse somente pode atuar quando um bem jurídico (efetivamente importante) for lesado de modo relevante.

A função do Direito Penal é tutelar cidadãos e minimizar a violência, impedindo *condutas lesivas que, acrescentadas à reação informal que*

---

[186] WELZEL, 2004, op. cit., p 32.

[187] BITENCOURT, Cezar Roberto; MUÑOZ CONDE, Francisco. *Teoria do delito.* São Paulo: Saraiva, 2000, p. 141.

comportam, suporiam uma violência e uma mais grave lesão de direito do que as geradas institucionalmente pelo Direito Penal.[188] As leis penais, ainda, não criam bens jurídicos, porque são criação constitucional e do Direito Internacional (com força constitucional). Desta forma, a lei penal apenas individualiza ações que afetam esses valores. O Direito Penal recebe um bem jurídico já tutelado pela norma constitucional. Nesse sentido, não há um bem jurídico-penal, pois, se assim fosse o entendimento, haveria um espaço para o legislador decidir ou complementar o rol de bens jurídicos. O que vai determinar se a lesão ao bem jurídico terá ou não uma pena como conseqüência é a visão de Direito Penal como *ultima ratio*, através dos princípios da necessidade e da lesividade.[189]

Desse modo, a proteção do bem jurídico não pode ser considerada como função do Direito Penal, mas a sua relevante lesão é pré-requisito para a incidência de norma penalizadora. Ainda nesse aspecto, não são todos os valores sociais que autorizam a resposta penal, mas, tão-somente, os mais importantes, cuja proteção dos mais débeis não pode ocorrer por outros ramos do Direito. Em suma, a *lesão de um bem jurídico deve ser condição necessária, embora não suficiente, para justificar* a proibição e a punição da conduta como uma infração penal.[190]

Efetivamente, o estágio em que se passou de uma necessidade de lesão à norma (tipicidade formal) para a necessidade de uma lesão efetiva ao bem jurídico (tipicidade material) já pode ser constatado como um grande avanço,[191] porém ainda não-suficiente. O grande problema, quando se trata de bem jurídico, é que não se pode alcançar uma noção exclusiva ou exaustiva.[192] A teoria do Direito Penal não fornece um rol dos bens jurídicos que podem ter como conseqüência, quando lesados, uma resposta penal, como forma de limitação do poder punitivo. O que se pode ter acesso é a uma série de critérios negativos de deslegitimação, tais como, a irrelevância ou o esvaziamento do bem tutelado, a desproporção com as penas previstas, a possibilidade de uma melhor proteção por meio de medidas destituídas de

---

[188] FERRAJOLI, 2002, op. cit., p. 373.

[189] ZAFFARONI, Eugenio Raúl; ALAGIA, Alejandro; SLOKAR, Alejandro. *Derecho Penal:* parte general. Buenos Aires: EDIAR, 2004, p. 464-465.

[190] FERRAJOLI, 2002, op. cit., p. 377.

[191] Nesse sentido, ver: HASSEMER, Winfried. *Introdução aos fundamentos do Direito Penal.* Trad. de Pablo Rodrigo Alflen da Silva. Porto Alegre: Sergio Antonio Fabris Editor, 2005, p. 56.

[192] Bem jurídico é tratado, aqui, como um limite negativo de intervenção penal, conforme Luiz Flávio Gomes. Ver: GOMES, Luiz Flávio. *Norma e bem jurídico no Direito Penal.* São Paulo: Revista dos Tribunais, 2005, p. 54-55.

caráter penal, a inidoneidade das penas na consecução de uma tutela eficaz ou, ainda, a ausência de efetiva lesão por ocasião da conduta proibida.[193]

Luigi Ferrajoli estabelece três critérios político-criminais para a identificação destes valores. O primeiro faz uma comparação entre o bem lesionado e aqueles que seriam lesionados em uma pena aplicada. Nestes termos, nenhum bem justifica a proteção do Direito Penal se o seu valor não é maior do que o dos bens lesionados durante a aplicação de uma pena. O segundo volta a fazer referência ao princípio da secularização, de modo que aqueles não podem ser objeto de resposta penal a lesão a bens valorados unicamente pela Moral. E o último critério para a atuação penal, além ou em substituição à civil e à administrativa, é que essa atuação deve ter caráter subsidiário em relação a uma política extrapenal de proteção dos mesmos bens.[194]

Em relação ao segundo critério, Salo de Carvalho afirma que a secularização delimita os rumos de incidência do Direito Penal, *restringindo e desqualificando qualquer tipo de criminalização de condutas refutadas apenas na seara moral*. Prossegue, afirmando que se trata de um critério externo ao Direito, que impõe um programa de mínima intervenção penal.[195]

Outra função do bem jurídico é a de atuar como forma balizadora dos critérios de resposta penal, ou seja, a pena deve obedecer a um equilíbrio em relação ao bem tutelado.[196] É relevante esclarecer que é indispensável uma rígida limitação, evitando, desta forma, a maximização do Direito Penal com a utilização deste mesmo argumento. Tem-se claro que o objetivo final da utilização do Direito Penal é a redução de danos, assim explicitada por Salo de Carvalho:

> A perspectiva garantista (no direito penal), entendida como atuação crítica desde dentro do sistema jurídico positivado, é de otimização da estrutura dogmática como freio aos excessos punitivos do Estado, como limitação da coação direta ínsita às práticas da administração da justiça penal. Assim, diferentemente do olhar contemplativo que busca o ideal de pureza, na exposição das falhas do sistema (lacunas e antinomias) cria-se espaço para construção de práticas judiciais de redução de danos causados pelos processos de criminalização.[197]

---

[193] FERRAJOLI, 2002, op. cit., p. 377.

[194] Ibid., p. 378-379.

[195] CARVALHO, 2003, op. cit., p. 87.

[196] PRADO, Luiz Régis. *Bem jurídico-penal e constituição*. 3ed. São Paulo: Revista dos Tribunais, 2003 b, p. 61.

[197] CARVALHO, 2006 b, op. cit., p. 109.

No momento de restrições à atuação penal, torna-se imperativo demonstrar a necessidade de outras limitações, ainda, ao bem jurídico, tendo essas uma relação com o caráter quantitativo, qualitativo e estrutural.[198] A primeira limitação – de caráter quantitativo – identifica-se diretamente com o princípio da insignificância ou da bagatela, já que a lesão ao bem jurídico é tão desprezível que não justifica a atuação do Direito Penal. A segunda limitação – de caráter qualitativo – relaciona-se com o princípio da adequação social, já que, apesar da conduta, em alguns casos, o fato de estar tipificada já perdeu a sua razão de ser, por já ter sido aceita pela sociedade que não se sente mais violada com a sua prática. Ainda no que se refere à qualidade dos bens, só podem assim ser considerados aqueles que atacam uma pessoa de "carne e osso", como a que será penalizada.[199] No que diz respeito à estrutura dos tipos penais, não podem ser considerados infrações penais os atos preparatórios ao crime, bem como meras agravantes não podem ser transformadas em infrações penais autônomas. Nesse mesmo sentido, ações que nunca terão como conseqüência a lesão ao bem jurídico – tentativa inidônea ou crime impossível – e aquelas em que se supõe uma situação de perigo de lesão – crime de perigo abstrato[200] – não podem estar sujeitas às conseqüências penais. Não é crível a utilização do Direito Penal para a repressão de atos que poderão, conforme estatísticas, causar possíveis lesões a valores abrangidos por essa mesma ciência, conforme demonstra Francisco de Assis Toledo.[201] Como bem lembram Salo de Carvalho e Marco Aurélio Moreira de Oliveira, a Constituição Federal, em seu art. 5º, inciso XXV, disciplina que a "lei não excluirá da apreciação do Poder Judiciário lesão ou ameaça a direito". Com isto, fica estabelecido

---

[198] FERRAJOLI, 2002, op. cit., p. 382-384.

[199] Neste mesmo sentido, Claus Roxin assevera: "Partindo da idéia de que o Direito Penal só tem que assegurar determinados bens previamente estabelecidos, pode-se deduzir uma exigência de uma substancial restrição da punibilidade, em duplo sentido: a primeira é através da exclusão de meras imoralidades do direito penal e a segunda é através da exclusão de contravenções do direito penal". ROXIN, Claus. *Derecho Penal*: parte general. Madrid: Civitas, 1997, p. 51 ss.

[200] Nesse sentido, Salo de Carvalho refere unicamente os crimes de perigo concreto (CARVALHO, Salo de. *A ferida narcísica do Direito Penal – primeiras observações sobre as (dis)funções do controle penal na sociedade contemporânea*. In: GAUER, Ruth. *A qualidade do tempo*: para além de aparências históricas. Rio de Janeiro: Lumen Juris, 2003 a, p. 198.) No mesmo sentido: "Ninguno de ambos criterios es constitucionalmente aceptable. En el derecho penal no se admiten presunciones 'juris et de jure' que, por definición, sirven para dar por cierto lo que es falso, o sea, para considerar que hay ofensa cuando no la hay". (...) "Por consiguiente, el análisis de los tipos penales en el ordenamiento vigente y por imperativo constitucional, debe partir de la premisa de que sólo hay tipos de lesión y tipos de peligro, y que en estos últimos siempre debe haber existido una situación de riesgo de lesión en el mundo real". ZAFFARONI; ALAGIA; SLOKAR, 2004. op. cit., p. 469.

[201] TOLEDO, Francisco de Assis. Novos rumos do Direito Penal. *Revista da AJURIS*, Anais do Curso de Direito Penal. Porto Alegre, p. 20, 1999.

que relevante serão as condutas que causarem efetivas lesões ou ameaças a direitos, desde que concretamente demonstradas.[202]

Tal pensamento – e com ele a deflação dos "bens" penais e das proibições legais – vem ao encontro da idéia de que o Direito Penal deve intervir minimamente nos conflitos sociais, atuando de forma excepcional, ao condicionar a legitimidade política e jurídica do próprio Direito Penal. Nesse sentido, os princípios da lesividade e da necessidade têm o condão de minimizar as proibições, reduzindo a intervenção penal ao *mínimo necessário*, ao reforçar, mais uma vez, a sua legitimidade e sua credibilidade.[203] O princípio da necessidade obstaculiza a *elefantíase penal, legitimando proibições somente quando absolutamente necessárias.*[204]

A partir do momento em que se considera que esse ramo do Direito tem por missão a tutela dos bens jurídicos e de que a pena, no mesmo sentido, função prevencionista, amplia-se o seu campo de atuação, deixando, desta forma, de ser uma *ultima ratio* e passa a ser utilizada como *prima ratio*. Nesse sentido, Salo de Carvalho refere:

> Ao ser chamado a operar políticas preventivas – no que tange à prevenção dos riscos inerentes à sociedade industrial e aos instrumentos de garantia de efetivação dos direitos dela decorrente –, o controle social (direito penal, processo penal, criminologia e política criminal) foi instigado a ampliar seu espectro de incidência, adaptando-se aos novos bens jurídicos. Tal assertiva é perceptível se verificamos o incremento da tutela penal ao trabalho (crimes contra a organização do trabalho), à previdência social (crimes previdenciários), ao transporte público (crimes contra a segurança dos meios de transporte), à saúde (crimes contra a saúde pública e leis de entorpecentes), à economia (crimes contra economia popular) *et coetera*. Nítido é o processo ocorrido no Brasil, quando, a partir da década de 30, o Estado Novo opera uma ruptura com a perspectiva liberal, visando implementar um modelo de Estado intervencionista com clara vocação repressivo-autoritária, que levou a, no plano científico e legislativo, com apoio de autores como Nelson Hungria e Roberto Lyra, consolidar-se uma política criminal intervencionista.[205]

A criminalidade é inerente a qualquer sistema que tente regular a conduta humana.[206] Está-se diante de uma política criminal repressivista

---

[202] CARVALHO, 2006 b, op. cit., p. 137. OLIVEIRA, Marco Aurélio Moreira de. Crimes de perigo abstrato. *Revista de Estudos Criminais*, Sapucaia do Sul, n. 15, p. 99, 2004.

[203] FERRAJOLI, 2002, op. cit., p. 381-384.

[204] CARVALHO, 2003 b, op. cit., p. 91.

[205] Id., 2003 a, op. cit., p. 184-185.

[206] HASSEMER, Winfried; MUÑOZ CONDE, Francisco. *Introducción a la Criminología*. Valencia: Tirant lo Blanch, 2001, p. 386.

que considera o Direito Penal a solução para os problemas sociais.[207] As Ciências Penais não têm o condão nem a missão de combaterem a violência e a criminalidade.[208] Nesse aspecto, o Direito Penal (simbólico[209]) não é a solução, no entanto pode tornar-se o meio propulsor de mais violência.

Eugenio Raúl Zaffaroni, Nilo Batista, Alejandro Alagia e Alejandro Slokar conceituam a dogmática do Direito Penal como um ramo do saber jurídico que propõe aos magistrados um sistema orientador para as suas decisões, tendo por base a interpretação da legislação respectiva. O referido sistema possui, em um primeiro momento, duplo objetivo: controlar o poder punitivo do Estado, bem como impulsionar o progresso do Estado Constitucional de Direito.[210]

Quando se propõe a apresentar o tema da legitimação da punição estatal, parte-se da idéia de bem comum. O agente autor de um ato que lese um bem socialmente valorado, atentando assim contra o *pacto,*[211] seria merecedor de uma punição estatal; entretanto, essa deve obedecer a limites previamente estabelecidos. Dentro da idéia de pacto, os membros da sociedade estariam dispostos a sacrificar parte de suas liberdades para usufruir os outros bens com mais segurança.[212]

Francisco Muñoz Conde entende que *o Direito Penal existe porque existe um tipo de sociedade que dele necessita para manter as condições fundamentais e sua convivência.*[213] Acrescentamos a isso que essa manutenção da convivência é tanto entre membros da sociedade como na relação Estado-cidadão.

---

[207] Sobre a alteração do panorama social, leia-se a seguir: "As transformações não acontecerão do dia para noite. E mesmo as concepções penais mais modernas e justas, de nada nos servirão se as alterações sociais relacionadas não acontecerem". MONGRUEL, Ângela de Quadros. Criminalidade: um problema socialmente construído. In: ANDRADE, Vera Regina Pereira de. *Verso e reverso do controle penal*: (des)aprisionando a sociedade da cultura punitiva. Florianópolis: Fundação Boiteux, 2002, p. 177.

[208] Nesse sentido, Fauzi Hassan Choukr: "(...) incrementar tribunais com poderes secretos (vide lei brasileira de combate ao crime organizado), com juízes e promotores 'ocultos', admitindo indevidas inversões do ônus da prova, tolerar provas ilícitas para a ineficiência estatal de equipar material e profissionalmente os quadros de segurança pública, não tem qualquer relação direta com a diminuição da criminalidade que, na sua constituição, é mais lógica e funcional que o Estado". CHOUKR, Fauzi Hassan. *Processo Penal de emergência*. Rio de Janeiro: Lumen Juris, 2002, p. 69.

[209] Ibid., p. 46-49.

[210] ZAFFARONI; BATISTA; ALAGIA; SLOKAR, 2003, op. cit., p. 40.

[211] Relacionando o pacto social com a criação de leis penais, Cesare Beccaria: "A primeira conseqüência que se tira desses princípios é que apenas as leis podem indicar as penas de cada delito e que o direito de estabelecer as leis penais não pode ser senão da pessoa do legislador, que representa toda a sociedade ligada por um contrato social". BECCARIA, 2001, op. cit., p. 20.

[212] BECCARIA, 2001, op. cit., p. 19.

[213] MUÑOZ CONDE, 2005, op. cit., p. 105.

O Estado, ao avocar para si o direito de punir, teve por objetivo limitar o poder punitivo da sociedade; essa é, pois, uma das principais conquistas modernas. Ocorre que surge, a partir de então, uma questão: quem vai limitar a vingança (ou a pena) que será adotada pelo Estado? O Direito Penal e o Processo Penal são integrantes desse mecanismo limitador da violência. As leis penais atuam necessária e exclusivamente como critérios limitadores da violência estatal.[214] Assim como os membros da sociedade têm as suas condutas reguladas por lei, o Estado também possui as suas limitações legalmente previstas.[215] Como será demonstrado mais adiante, tratam-se de constantes limitações: no momento da tipificação da conduta, na instrução processual, na definição e na aplicação de uma pena. A limitação, de fato, ocorre na atuação do mais forte em relação ao mais fraco em cada um dos momentos de incidência do Direito Penal e Processual Penal. A proteção ao mais fraco decorre do simples fato que o mais forte, pela sua própria condição, não necessita dessa proteção.

Em suma, as normas penais não tutelam bens jurídicos.[216] Não se pode optar pela idéia de que o Direito Penal possui como missão a garantia de bens jurídicos, sendo essa, dentre as opções existentes, a que menos se afasta desse objetivo.[217] Do contrário, como afirmado por Alessandro Baratta, o Direito Penal seria definido *como um instrumento que tutela os interesses vitais e fundamentais das pessoas e da sociedade, mas, ao mesmo tempo, definem-se como vitais e fundamentais os interesses que, tradicionalmente, são tomados em consideração pelo Direito Penal.*[218]

---

[214] Nesse sentido, Vera Regina Pereira de Andrade refere: "Conseqüentemente, se o Direito Penal moderno e sua Dogmática nascem reativamente contra os excessos de violência punitiva e déficit de garantismo da antiga Justiça Penal e, neste sentido, contêm potenciais garantidores do indivíduo para a moderna Justiça Penal, conformam, ao mesmo tempo, um novo modelo de controle inserido numa nova lógica de dominação". ANDRADE, Vera Regina Pereira de. *A ilusão de segurança jurídica:* do controle da violência à violência do controle penal. Porto Alegre: Livraria do Advogado, 1997, p. 285.

[215] SCHMIDT, Andrei Zenkner. O "direito de punir": revisão crítica. *Revista de Estudos Criminais*, Sapucaia do Sul, n. 9, p. 88, 2003.

Nesse sentido, Cesare Beccaria declara: "Se cada cidadão tem obrigações a cumprir para com a sociedade, a sociedade tem igualmente obrigações a cumprir para com cada cidadão, pois a natureza de um contrato consiste em obrigar igualmente as duas partes contratantes". BECCARIA, 2001, op. cit., p. 21.

[216] ZAFFARONI; ALAGIA; SLOKAR, 2004, op. cit., p. 463-464.

[217] Paulo César Busato e Sandro Montes Huapaya afirmam que: "Por isso, é preferível a opção por estabelecer como missão do Direito Penal a garantia de bens jurídicos". Ver: BUSATO, Paulo César; HUAPAYA, Sandro Montes. *Introdução ao direito penal*: fundamentos para um sistema penal democrático. Rio de Janeiro: Lumen Juris, 2003, p. 41.

[218] BARATTA, Alessandro. Funções instrumentais e simbólicas do direito penal. Lineamentos de uma teoria do bem jurídico, *Revista Brasileira de Ciências Criminais*, São Paulo, ano 2, n. 5, p. 10, 1994.

3.2. O POTENCIAL MAXIMIZADOR DAS TEORIAS DA PENA E A PERSPECTIVA AGNÓSTICA

A identificação da função da pena torna-se pressuposto para a compreensão do que é o próprio Direito Penal, já que, como já afirmado, o que diferencia este ramo do Direito dos demais é justamente pela existência daquela.[219] A maior parte dos doutrinadores e das legislações apresentam, embora existam diversas teorias, definições positivas da pena.

Em relação à teoria absoluta ou retributivista da pena, destaca-se que a Constituição da República nega validade a esse tipo de função, demonstrando, ainda, o temor com a sua aplicação ao proibir penas de caráter perpétuo, de morte e cruéis, entre outras.[220] Verifica-se, desta forma, que o legislador constitucional pretendeu limitar a espécie de resposta penal do Estado, ainda que grave fosse a conduta delitiva do agente, demonstrando, assim, que a pena não possui caráter retributivista. Ainda, consta no art. 1º. da Carta Magna que a dignidade da pessoa humana é fundamento do Estado Democrático de Direito, sendo essa incompatível com os princípios reitores da teoria absoluta.

De acordo com Luigi Ferrajoli, é preciso diferenciar a finalidade da pena de sua motivação; esta é voltada para o passado, para o fato ocorrido; aquela deve estar dirigida ao futuro. O retribucionismo esqueceu-se efetivamente da finalidade da pena, atuando apenas como resposta ao fato ocorrido, visto que esse é seu requisito. Em outras palavras, transforma-se o requisito, na teoria retribucionista, em finalidade.[221]

A segunda teoria – relativa ou prevencionista – apresentada é a que entende que a pena atua como forma preventiva de crimes. Trata-se de concepções utilitaristas da pena, não sendo uma necessidade em si mesma, como forma de realização da Justiça, mas sim *de instrumento preventivo de garantia social para evitar a prática de delitos futuros.*[222] Neste sentido, são duas as formas de atuação: a prevenção geral e a prevenção especial; além disso cada uma delas é subdividida em negativa e positiva.

Reapreciando, brevemente, os conceitos já desenvolvidos, tem-se que a teoria da prevenção geral reconhece ser a pena um instrumento eficaz para desestimular os membros da sociedade – que não o punido – a

---

[219] ZAFFARONI, 2001. op. cit., p. 202.

[220] Art. 5º., XLVII, da Constituição Federal.

[221] FERRAJOLI, 2002, op. cit., p. 207.

[222] PRADO, 2004 b, op. cit., p. 147.

praticarem ações consideradas infrações penais, ao passo que a prevenção especial é dirigida ao autor do delito, evitando-se, deste modo, a prática de novo crime pelo mesmo agente.

De acordo com a teoria da função de *prevenção geral negativa da pena*, a sua mera aplicação possibilita dissuadir futuros autores de infrações, como se aquelas pessoas que estivessem próximas do cometimento de um crime ou de uma contravenção penal deixassem de cometê-lo, por mais tentadas que estivessem, por saber que poderiam futuramente ser punidas por suas condutas.[223]

Na análise do conteúdo desta teoria, não se pode abstrair a forma como são selecionados os atores do sistema penal, neste momento, especificamente, os criminalizados. São selecionadas, em regra, pessoas com o criado estereótipo de criminoso e que praticam as infrações penais através de *"obras toscas"*.[224] Verifica-se que o argumento de que a pena faria com que o futuro autor de uma infração penal deixasse de praticá-lo não é verdadeiro. Primeiramente porque somente uma pequena parte dos autores de condutas típicas é selecionada. Em segundo lugar, porque tal seleção atua, em regra, sobre determinado nicho de pessoas. Em terceiro lugar, esses indivíduos deverão realizar "obras toscas" para efetivamente estarem em estado de vulnerabilidade e serem selecionados, o que, como apresentaremos, ainda é abstrato. Para se tornar concreto, é necessária a passagem para a situação de vulnerabilidade. Tem-se, com isso, um forte argumento para que os indivíduos vulneráveis à seleção aperfeiçoem os seus atos, afastando-se, desta forma, do estado de vulnerabilidade.[225] É inegável que algumas pessoas, efetivamente, deixam de cometer infrações penais pela existência de tipificação desta conduta. Neste sentido, elucidativa explanação de Eugenio Raúl Zaffaroni, Nilo Batista, Alejandro Alagia e Alejandro Slokar:

> O sistema penal opera, pois, em forma de filtro para acabar selecionando tais pessoas. Cada uma delas se acha em um certo *estado de vulnerabilidade ao poder punitivo* que depende de sua correspondência com um estereótipo criminal: o estado

---

[223] Nesse sentido, ver: BECCARIA, 2001, op. cit., p. 49. CARNELUTTI, 2002, op. cit., p. 71.

[224] Trata-se de um delito grosseiro, de acordo com a visão de Eugenio Raúl Zaffaroni, Nilo Batista, Alejandro Alagia e Alejandro Slokar. Ver: ZAFFARONI; BATISTA; ALAGIA; SLOKAR, 2003, op. cit., p. 48.

[225] Alessandro Baratta afirma que "Também é preciso considerar, para avaliar a relevância destes efeitos para a tutela dos bens jurídicos e da defesa social, o alto grau de seletividade dos sistemas punitivos no "recrutamento" da sua clientela potencial. Como já se sabe, a impunidade não é exceção, senão a regra no sistema da justiça criminal. A porcentagem de infratores que são ou podem ser dissuadidos ou neutralizados (na maioria dos casos isto só se dá temporariamente), com a intervenção da justiça criminal, é tão baixa que é válido perguntar se ela é significativa, também com relação aos custos sociais produzidos por sua intervenção". BARATTA, 1994, op. cit., p. 19.

de vulnerabilidade será mais alto ou mais baixo consoante a correspondência com o estereótipo for maior ou menor. No entanto, ninguém é atingido pelo poder punitivo por causa desse estado, mas sim pela *situação de vulnerabilidade*, que é a posição concreta de risco criminalizante em que a pessoa se coloca.[226]

Por derradeiro, a utilização deste critério como justificação da aplicação de uma pena em um indivíduo representa direta lesão ao princípio da dignidade da pessoa humana,[227] eis que utiliza o agente, autor de um crime, como meio para a *consecução de fins meramente utilitários, de duvidosa eficácia*.[228] No mesmo sentido, não se pode admitir que seja imposto a uma pessoa tão elevado grau de sofrimento pelo simples fato de que este exemplo intimidaria a prática criminosa de outros.[229] Enfim, aumentar (ou, simplesmente, efetivar) injustamente a punição de um acusado real para influenciar a conduta de um acusado potencial é nítida lesão ao princípio da dignidade da pessoa humana.[230] [231] Se assim o fosse, o apenado seria tratado com um objeto-instrumento na busca do bem-comum.

Por sua vez, a partir da construção da teoria da *função de prevenção geral positiva*, argumenta-se que a existência de uma lei penal reforçaria, na condição de símbolo, a confiança da sociedade no sistema social e, também, no próprio sistema penal. Nesse sentido, ainda que a criminalização não se configure uma solução para o conflito, serve, na condição simbólica de credibilidade, para aplicar um mal (pena) ao seu autor. Através da aplicação de uma sanção, o Estado estaria realizando uma autopropaganda de sua efetividade, em contraposição ao crime que deteriora a sua imagem. Nesse sentido, torna-se preocupante o interesse em preservar a imagem do Estado, já que, por vezes, o Estado de Direito deve atuar, mesmo contra a maioria. O crime comove uma quantidade muito grande de pessoas, e o Direito Penal não pode ser utilizado como o instrumento para o controle daqueles indivíduos que buscam uma solução imediata para o caso. Uma pessoa – via de regra, a estereotipada – possui as suas garantias lesionadas para atender imediatamente aos anseios da sociedade, os quais são fomen-

---

[226] ZAFFARONI; BATISTA; ALAGIA; SLOKAR, 2003, op. cit., p. 48.

[227] BARATTA, 1994, op. cit., p. 18.

[228] PRADO, Luiz Régis. Teoria dos fins da pena: breves reflexões. *Ciências Penais: Revista da Associação Brasileira de Professores de Ciências Penais*. São Paulo, p. 152, 2004 b.

[229] SANTOS, Juarez Cirino dos. Política criminal: realidades e ilusões do discurso penal. *Discursos sediciosos*: crime, direito e sociedade. Rio de Janeiro, Instituto Carioca de Criminologia, n. 12, ano 7, p. 56, 2002.

[230] Id. *Teoria da pena*: fundamentos políticos e aplicação judicial. Rio de Janeiro: Lumen Juris, 2005, p. 10.

[231] HASSEMER, Winfried. *Introdução aos fundamentos do Direito Penal*. Trad. de Pablo Rodrigo Aflen da Silva. Porto Alegre: Sergio Antonio Fabris Editor, 2005, p. 372.

tados pela mídia. Como afirma Alessandro Baratta, a falta de proteção dos interesses relevantes da sociedade é compensada pela ilusão de segurança através do uso indiscriminado do poder punitivo.[232]

Eugenio Raúl Zaffaroni, Nilo Batista, Alejandro Alagia e Alejandro Slokar comparam as duas espécies de prevenção geral, identificando um fundo ideológico em comum:

> enquanto a negativa considera que o medo provoca a dissuasão, a positiva chega a uma dissuasão provocada pela satisfação de quem acha que, na realidade, são castigados aqueles que não controlam seus impulsos e, por conseguinte, acha também que convém continuar controlando-os. [233]

Resta, todavia, a análise das teorias que atribuem à pena a função de prevenção especial positiva e prevenção especial negativa, as quais entendem que a pena é essencialmente voltada para quem está submetido a ela.

A *prevenção especial positiva* consiste na idéia de que a pena é um remédio utilizado pelo Estado em favor do doente (sujeito autor de um crime), objetivando sua melhora.[234] Trata-se de uma visão distinta, centrada no indivíduo infrator, devendo ser nele operada, na condição de um *instrumento de resposta ao desvio punível.*[235] Tendo por base tal função, poder-se-ia chegar à situação de não estar prevista na sentença a quantidade de pena imposta ao acusado, cabendo ao responsável pela sua execução a decisão de pôr fim àquela, quando curado estiver o autor da infração penal.[236] [237] A presença dessa teoria no Direito Penal vigente é marcante:

> Em realidade, categorias como periculosidade, reeducação, personalidade do agente, prevenção da reincidência e medidas de segurança extra-penais compõem este universo projetivo de prevenção especial devido ao deslocamento sutil e eficaz da teoria defensivista.[238]

---

[232] BARATTA, 1994, op. cit., p. 22.

[233] ZAFFARONI; BATISTA; ALAGIA; SLOKAR, 2003, op. cit., p. 122.

[234] Nesse sentido, ver: CARNELUTTI, 2002, op. cit., p. 71.

[235] CARVALHO, 2003 b, op. cit., p. 131.

[236] Para Salo de Carvalho: "Na história recente do direito penal brasileiro, o natimorto Código de 1969 estabelecia esta anomalia jurídica. Baseado na lei penal italiana e ampliando o entendimento do Anteprojeto Nelson Hungria (1963), que definia aumento de pena para determinados criminosos, o Código estipulava pena indeterminada: em se tratando de criminoso habitual ou por tendência, a pena a ser imposta será por tempo indeterminado. O juiz fixará a pena correspondente à nova infração penal, que constituirá a duração mínima da pena privativa de liberdade, não podendo ser, em caso algum, inferior a três anos (art. 64). Estabelecia, no entanto, prazo final: a duração da pena indeterminada não poderá exceder a dez anos, após o cumprimento da pena imposta (art. 64, §1º)".Ibid., p. 136.

[237] Nesse sentido, ver: FERRI, Enrico. *Princípios de Direito Criminal*: o criminoso e o crime. 2. ed. Campinas: Bookseller, 2003, p. 349 ss.

[238] CARVALHO, 2003 b, op. cit., p. 138-139.

Desta maneira, dois contra-argumentos são apresentados:

O primeiro é contrário à idéia de que a pena apresenta efeitos positivos, auxiliando na vida do apenado em sociedade após seu cumprimento; com freqüência, verificamos os danos causados pelas penas. As prisões são a pior forma de cumprimento de pena, por limitarem a liberdade de um ser humano; já se configuram imprestáveis e impossibilitadas de realizarem qualquer espécie de melhora no sujeito que lá permanece determinado período de tempo. Se analisado o conteúdo dessa teoria frente ao sistema carcerário nacional, será possível verificar que se está diante de uma verdadeira fábrica de criminalizados. Caso se pretenda falar em ressocialização, talvez seja no ambiente penitenciário, no qual o apenado está submetido, já que, conforme Juarez Cirino dos Santos,[239] *a prisão só ensina a viver na prisão*. Aqui, basta que se verifiquem os índices de reincidência para se concluir pela total ineficácia da pena. Francisco Muñoz Conde sintetizou com precisão esse argumento: *"Educar para liberdade em condições de 'não-liberdade' não só é muito difícil mas também é uma utopia irrealizável nas atuais condições de vida na prisão"*.[240]

O segundo argumento refere-se à lesão ao princípio da dignidade da pessoa humana, visto que *a necessidade de correção ou de emenda acarretasse a submissão obrigatória (forçada) a um programa de ressocialização*.[241] Tais programas deveriam respeitar a autonomia do preso, não podendo ser imposto pelo Estado o referido tratamento penitenciário.[242]

Em síntese, a pena não pode ser identificada como um instrumento de melhoria dos apenados, porque jamais se pode admitir que uma limitação, por exemplo, na liberdade – segundo bem mais importante do ser humano, tendo menor importância que a vida – seja tida como algo positivo.[243]

Ainda que a pena tivesse o condão de regenerar o cidadão, modificando os seus critérios éticos e morais, isso deveria ser considerado abominável. É importante ressaltar que essa hipótese está sendo lançada somente para argumentar, visto que a sua comprovação empírica é totalmente impossível; neste sentido o ser humano tem o direito à sua autonomia de agir e pensar. O Estado não pode impor a quaisquer de seus cidadãos valores,

---

[239] SANTOS, 2002, op cit., p. 55.

[240] MUÑOZ CONDE, 2005, op. cit., p. 108.

[241] PRADO, 2004 b, op. cit., p. 153.

[242] SANTOS, 2005, op. cit., p 08.

[243] Diversos autores trabalham este tema com qualidade, entre eles, Cezar Roberto Bitencourt em seu texto *Falência da Pena de Prisão*, e Francisco Muñoz Conde, na obra *Direito Penal e controle social*.

não tendo tal prerrogativa de intervenção, mesmo que seja com o objetivo de criar o "cidadão ideal", até porque ele seria ideal apenas de acordo com uma determinada visão.

A *prevenção especial negativa*, por sua vez, visa proteger a sociedade de um dos seus membros, ou seja, faz um mal ao autor de uma infração penal para proporcionar um bem aos demais cidadãos. Com a punição de um sujeito que não se comporta conforme as normas de boa conduta previamente estabelecidas, estar-se-ia protegendo o restante da sociedade da prática de outras – possíveis – condutas criminosas daquele indivíduo.

Há um fator positivo nessa corrente: admite-se que o poder penal/ punitivo é tendente ao abuso; contudo, por diversos motivos é ineficaz, partindo-se do pressuposto de que ela será transitória. Em primeiro lugar, verifica-se que o mal sofrido pelo apenado será, muito provavelmente, devolvido à sociedade quando do seu retorno. Deste modo, tal proteção que será por lapso temporal limitado poderá ter como conseqüência um acúmulo de violência que será extravasado após o cumprimento da pena. Em segundo lugar, tendo em vista que apenas uma ínfima parte dos autores de condutas típicas é penalizada, existe, na sociedade, uma falsa idéia de que com o apenamento de pessoas estereotipadas haverá mais segurança. Tal idéia é falsa a partir do momento que a maior parte das pessoas que cometem infrações penais não são sequer investigadas. Por outro lado, caso exista a idéia de que a limitação ao exercício do mal por esses cidadãos seja perpétuo, através de penas cruéis como a pena de morte, a prisão perpétua ou a decepação de membros, deve esta idéia ser abominada, já que, se fosse aplicada, afrontaria, diretamente, o conceito de Direito existente.

Com a pena, cria-se, inevitavelmente, um estigma ao apenado, vítima do sistema, o que leva – por esses e outros motivos – a um elevado índice de reincidência criminal. Frisa-se, mais uma vez, que com a pena há uma falsa ilusão de proteção da sociedade, a qual estaria livre do apenado. O apenado voltará e devolverá o grau de violência recebido da sociedade através do sistema penitenciário.

As teorias até então apresentadas não justificaram a existência de uma sanção no Direito e, neste sentido, são falaciosas, criando-se, por conseqüência, uma teoria agnóstica. Trata-se de um conceito negativo, ao qual não será atribuída nenhuma função positiva; além disso, é obtido por exclusão, e é também agnóstico, porque se confessa não conhecer a função, sabendo, apenas, o que não é.[244] Parte-se, desta forma, do conhecimento de tudo o que a pena não é, ou melhor, de tudo o que a pena não pode atingir.

---

[244] ZAFFARONI; BATISTA; ALAGIA; SLOKAR, 2003, op. cit., p. 99.

De acordo com as premissas acima expostas, é possível afirmar que a *pena é uma coerção, que impõe uma privação de direito ou uma dor, mas não repara nem restitui, nem tampouco detêm as lesões em curso ou neutraliza os perigos iminentes.*[245] Ainda, a pena poderia ser considerada como *qualquer sofrimento ou privação de algum bem ou direito que não resulte racionalmente adequado a algum dos modelos de solução de conflitos dos demais ramos do direito.*[246] A partir dessa análise preliminar, faz-se uma limitação real ao Direito Penal.

Entende-se, desta forma, que a pena, por ser um ato de poder, característica típica do Estado de Polícia dentro de um modelo de Estado de Direito, deve ser limitada ao máximo. Os responsáveis por tal limitação são os magistrados através dos subsídios que o Direito Penal proporciona. Fica nítida, desde já, que a função que se pretende atribuir ao Direito Penal é a de limitação ao poder punitivo, através dos atos das pessoas habilitadas para tanto, isto é, os magistrados, com os instrumentos que lhe são conferidos pelo legislador. Cabe destacar que a imprestabilidade das teorias positivas da pena refere-se à sua ineficácia para a grande maioria dos penalizados, embora, em alguns casos, as citadas funções sejam atingidas. Nesse sentido, Salo de Carvalho interpreta Eugenio Raúl Zaffaroni:

> Ao comungar dos princípios da criminologia da reação social, em profunda denúncia da seletividade, desigualdade e barbárie produzidas pelos aparelhos que possuem função repressora, Zaffaroni entende ser absolutamente dispensável uma teoria da pena, visualizando a possibilidade de (re)construir o direito penal com a precípua finalidade de redução da violência do exercício do poder. Reduzir dor e sofrimento (redução de danos) seria o único motivo de justificação da pena nas atuais condições em que é exercida, principalmente nos países periféricos.[247]

Entretanto, seria possível pensar em uma contradição na lição de Eugenio Raúl Zaffaroni. O que é por ele negado são as teorias positivas tradicionalmente impostas, porém, ao apresentar uma teoria agnóstica ou negativa da pena, está apresentado uma função, qual seja, a de reduzir a dor e o sofrimento do apenado.[248] O problema nesse contra-argumento é que a forma de limitação do sofrimento é com sofrimento. Deste modo, a pena é um sofrimento imposto pelo Direito Penal ao apenado como forma de

---

[245] ZAFFARONI; BATISTA; ALAGIA; SLOKAR, 2003, loc. cit.

[246] ZAFFARONI, 2001, op. cit., p. 204.

[247] CARVALHO, 2003 b, op. cit., p. 144.

[248] Nesse sentido, Salo de Carvalho: "Desde este ponto de vista, a pena apresentar-se-ia como guardiã do direito do infrator em não ser punido senão (razoavelmente) pelo Estado, redimensionando a função do direito e do processo penal, não mais direcionado à tutela social, mas à proteção da pessoa que se encontra em situação de violência privada – momento de lesão interindividual – e/ou pública – plano institucional". Ibid., p. 150.

limitação de outra violência. A partir desta contraposição, conclui-se que a *pena é manifestação fática, em essência política, isenta de qualquer fundamentação jurídica racional. Tal como a "guerra" – modelo sancionatório nas relações internacionais –, a pena caracterizar-se-ia como meio externo e cruel, isento de justificativa jurídica.*[249] Levando-se em consideração a teoria negativa da pena, e tratando-se de um ato meramente político, cuja única "função" é a limitação do poder punitivo estatal, tem-se que a sanção deve causar o menor mal possível ao apenado.[250]

Ainda neste sentido, a pena (por paradoxal – e perigoso – que isso possa parecer) é uma garantia do autor de uma infração, a partir do momento em que se tem estabelecida, quando da ação típica, qual é a contraprestação estatal – o sujeito não fica no limbo existente em um modelo de Estado de Polícia. O Direito Penal, através da aplicação de uma pena, é a garantia de razoabilidade da contraprestação estatal, respeitando, sempre, a dignidade da pessoa do acusado. Salo de Carvalho sintetiza o que é a função da pena que se pretende apresentar:

> A pena, portanto, seria um instrumento político de negação da vingança; um limite ao poder punitivo; o mal menor em relação às possibilidades vindicativas que se produziriam na sua inexistência.[251]

3.2.1. Pena: entre a ciência política e a jurídica

Na busca da função da sanção penal, um primeiro passo é visualizar a complexidade e a temporalidade dos fenômenos humanos em estudo (crimes e formas de castigo).[252] Tentando encontrar alguma – porém não qualquer – função para a pena, investiga-se a relação existente entre as funções políticas e jurídicas.

Tobias Barreto afirma *"o conceito da pena não é um conceito jurídico, mas um conceito político"*.[253] Todavia, entendemos que deve ser investigada essa relação, já que a existência de uma pena possui origem em sua previsão legal e decorre de uma condenação criminal. Ganha relevância a atuação jurídica principalmente em momentos em que é reconhecida, prioritariamente, uma relação entre política e pena. Vamos identificar qual(is)

---

[249] CARVALHO, 2003 b, op. cit., p. 144.

[250] FERRAJOLI, 2002, op. cit., p. 271.

[251] CARVALHO, 2003 b, op. cit., p. 150.

[252] CARVALHO, Salo de. Memória e esquecimento nas práticas punitivas. *Revista Ibero-americanos*, Porto Alegre, v. 2, p. 61-86, 2006 a.

[253] BARRETO, Tobias. Fundamentos do Direito de Punir. *Revista dos Tribunais*, São Paulo, v. 727, p. 649, 1996.

seria(m) a(s) função(ões) política(s) da pena e, posteriormente, analisaremos, diante disso, a sua relevância.

Verifica-se que o Direito Penal seleciona, principalmente,[254] um determinado grupo de pessoas, formado por cidadãos menos favorecidos socialmente ou, ainda, excluídos. Tal prática decorre do modelo integrado acima apresentado, em que o Direito deve reprimir ao máximo as lesões aos bens jurídicos, e os mais vulneráveis, como já foi afirmado, são capturados pelo sistema. Cabe, então, ao Direito Penal – em uma visão puramente política e não-jurídica – proceder à exclusão imediata de pessoas não-desejadas, o que ocorre através da pena criminal. Ao fim e ao cabo, a aplicação da lei penal, tal como ocorre hoje em dia, aumenta ainda mais as diferenças sociais de uma sociedade por si só heterogênea. Entretanto, entendemos que *o Direito Penal* – como ciência jurídica e não-política – *resulta necessário como alternativa à política, justificando-se como técnica de minimização da violência e do arbítrio.*[255] Neste sentido, Winfried Hassemer afirma que:

> Toda sociedade que é estruturada em camadas ou classes – isto é, toda sociedade moderna – deve poder distribuir na hierarquia social as posições inferiores e manter e controlar os que se encontram nestas posições. A execução penal é a instituição que ajuda a realizar este fim socialmente desejado.[256]

Como não poderia ser diferente, a função de seletividade[257] não é aplicável em todos os casos, mas sim em grande parte.[258] Se já é difícil – ou impossível, de acordo com a teoria agnóstica da pena – identificar uma finalidade, mais difícil seria reconhecermos uma única função aplicável a todos os casos. Considera-se que não existe só um objetivo para pena, mas também se entendia que a função aqui narrada é preponderante – principalmente aplicada nos crimes patrimoniais – e que, em muitas oportunidades,

---

[254] Nesse sentido, Winfried Hassemer comenta: "as bibliotecas acumulam uma parte decisivamente completa de conhecimento sobre normas jurídico-penais e não sobre a realidade jurídico-penal". HASSEMER, 2005, op. cit., p. 51.

[255] CARVALHO, Salo de. Teoria agnóstica da pena: o modelo garantista de limitação do poder punitivo. In: ———. (org.). *Crítica à execução penal: doutrina, jurisprudência e projetos legislativos*. Rio de Janeiro: Lumen Juris, 2002 b, p.36.

[256] HASSEMER, 2005, op. cit., p. 379.

[257] Nesse sentido, também: CARVALHO, Salo de; CARVALHO, Amilton Bueno de. *Aplicação da pena e garantismo*. 3ª edição. Rio de Janeiro: Lumen Juris, 2004, p. 85.

[258] Nesse sentido, Tobias Barreto: "A razão que tem a sociedade de punir o homicídio, por exemplo, não é a mesma que lhe serve de norma para decretar penas, 'verbi gratia', contra a rebelião, a sedição, a conspiração, e outros iguais delitos, que põe em perigo a sua Cida de direito, que afetam, parcial ou totalmente, as condições de sua existência, ou vão de encontro a qualquer das leis do seu desenvolvimento". BARRETO, 1996, op. cit., p. 649.

o que se pretende é demonstrar que a função aqui defendida – a exclusão dos "excluídos sociais" – não está correta.

Por esse motivo político elencado e pela total inexistência de finalidade da pena, tem-se que a função do Direito diante de tal quadro é de limitação,[259] a qual se inicia pelo Poder Legislativo e é aplicada pelo Poder Judiciário. Neste sentido, a pena deveria ser a mínima necessária,[260] o que foi denominado por Luigi Ferrajoli de utilitarismo reformado.[261] Desta forma, utilizando-se os argumentos de Tobias Barreto, tem-se que a função do Direito, que é de limitação do poder punitivo, deve preponderar em relação à função meramente política, utilizada, na maioria das vezes, pelos movimentos repressivistas.[262] Desta maneira, a fixação de uma pena apresenta função protetora do condenado, tanto diante de uma sociedade sedenta por vingança quanto diante do Estado, já que vivenciamos um *crescimento incontrolado do poder punitivo.*[263]

---

[259] Nesse sentido: "A pena apresenta-se, portanto, como instrumento político de negação da vingança, como limite ao poder punitivo, como o mal menor em relação às possibilidades vindicativas que se produziram na sua inexistência". CARVALHO, 2002 b, op. cit., p.35.

[260] Necessária, no sentido de indispensável diante da escolha que o Estado fez pela existência do Direito Penal, já que não se poderia falar em necessidade de algo que não sabemos para que serve.

[261] FERRAJOLI, 2002, op. cit., p. 259 ss.

[262] CARVALHO, 2002 b, op. cit., p.32.

[263] ZAFFARONI; BATISTA; Alejandro; SLOKAR, 2003, op. cit., p. 111.

4. Processo penal como instrumento de garantias

Tendo em vista a constatação de que a Constituição Federal de 1988 adotou a idéia de Estado Democrático de Direito e visto que ela é a Lei Maior, torna-se indispensável fazer uma leitura constitucional do Direito Processual Penal. Em outras palavras, deve-se adequar este ramo do Direito à Constituição e não o contrário,[264] pois o Direito Processual Penal é o *Direito Constitucional aplicado.*[265] Desta forma, exige-se uma nova postura do operador jurídico, o qual se obriga a utilizar, constantemente na leitura do Processo Penal, um filtro constitucional,[266] visto que, como afirmou Fauzi Hassan Choukr, *serve o texto de Constituição, pois, como instrumento de vigilância das demais normas criadas. Sua função é, assim, dar verdadeira coesão e unicidade à engrenagem jurídica.*[267]

Há, no entanto, algumas necessárias considerações sobre a relação do Código de Processo Penal (1941) com a Constituição da República Federativa do Brasil (1988). A Carta Magna, como já foi afirmado, funda um Estado Democrático de Direito, tendo como conseqüência o respeito aos Direitos Fundamentais. O citado diploma processual possui origem assumidamente fascista, ou seja, incompatível com os princípios do modelo

---

[264] LOPES JÚNIOR, Aury. *Introdução Crítica ao Processo Penal* (fundamentos da instrumentalidade garantista). Rio de Janeiro: Lumen Juris, 2004, p. 39. CHOUKR, Fauzi Hassan. *Processo penal de emergência.* Rio de Janeiro: Lumen Juris, 2002, p. 16-17. FIGUEIREDO DIAS, Jorge de. *Direito Processual Penal.* V. 1. Coimbra: Coimbra, 1974, p. 77.

[265] Ibid., p. 74.

[266] O Processo Penal deve ser guiado pela predominância do indivíduo em relação ao Estado ou vice-versa, demonstrando, dessa forma, *o grau de cultura alcançado por um povo no curso de sua história* e a Constituição Federal é a fonte da resposta a essas questões. Nesse sentido ver: LOPES JÚNIOR, 2002, op. cit., p. 39 e FERNANDES, Antonio Scarance. *Processo Penal Constitucional.* 4. ed. rev. atual. e ampl. São Paulo: Revista dos Tribunais, 2005, p. 15.

[267] CHOUKR, 2002, op. cit., p. 21.

eleito pela Constituição.[268] Essa é razão da dificuldade de realização de um compatível discurso integrado das referidas legislações e da necessidade de realização de uma reforma total do Processo Penal nacional e não parcial e fragmentada.[269] Entretanto, mesmo diante da legislação processual penal vigente, muito se deve modificar sem sequer alterá-la. Trata-se de realizar uma aplicação imediata dos princípios constitucionais e de se identificar para que, efetivamente, existe o Processo Penal ou em outras palavras, qual é sua missão dentro do sistema penal.

Parte da doutrina defende que o fim do Processo Penal é a aplicação do Direito Penal através da busca da verdade real. Dito de outra maneira, o processo seria uma forma de efetivação do poder punitivo. Neste sentido, a aplicação de uma pena – independentemente da sua finalidade – não pode ser entendida como o fim do Processo Penal. A relação entre pena e processo consiste na existência deste como pressuposto para a aplicação daquela, podendo ser verificado, também neste momento, o *caráter de indispensabilidade de Processo Penal.*[270] [271] Nas palavras de Rogério Lauria Tucci, *a sanção penal (pena ou medida de segurança) somente pode ser aplicada pelos órgãos jurisdicionais mediante a utilização de um instrumento adequado, que é o processo.*[272] Trata-se, ainda, de um Processo Penal Constitucional, possuindo, desse modo, um modelo adequado ao Estado Democrático de Direito.

Afirmamos, aqui, que o Direito Penal tem como objetivo a limitação do poder puntivo do Estado. A aplicação do Direito Penal (material) se dá através da via processual. Neste sentido, podemos concluir que o Processo Penal procura efetivar a limitação do poder punitivo estatal, o que ocorria com o respeito às garantias fundamentais dos envolvidos – no pólo mais fraco – da relação processual. Em outras palavras, o Direito Processual Penal possui como objetivo *ser um instrumento a serviço da máxima eficácia dos direitos e das garantias fundamentais*[273] – não tão-somente um instrumento do Direito Penal, como também da própria Constituição.[274] Em síntese, o Direito Penal estabelece limites ao poder de polícia, limitando a interferência estatal em conflitos sociais, e o Direito Processual Penal

---

[268] COUTINHO, Jacinto Nelson de Miranda. Efetividade do processo penal e golpe de cena: um problema às reformas processuais. In: WUNDERLICH, Alexandre. *Escritos de Direito e Processo Penal em homenagem ao professor Paulo Cláudio Tovo.* Rio de Janeiro: Lumen Juris, 2001, p. 140-141.

[269] Ibid., p. 140.

[270] TUCCI, 2004, op. cit., p. 37.

[271] LOPES JÚNIOR, 2004, op. cit., p. 03.

[272] TUCCI, 2004, op. cit., p. 27-28.

[273] LOPES JÚNIOR, 2004, op. cit., p. 01.

[274] FIGUEIREDO DIAS, 1974, op. cit., p. 28, 33.

é o limite do limite, através de suas garantias.[275] Dito de outra maneira, o Processo Penal limita a qualidade de incidência, a partir do momento em que já se definiu que haverá atuação estatal em determinada circunstância. A partir de então, entra em cena a instrumentalidade garantista do Processo Penal, ou seja:

> O processo, como instrumento para realização do Direito Penal, deve realizar sua dupla função: de um lado, tornar viável a aplicação da pena, e, de outro, servir como *efetivo instrumento de garantias dos direitos e liberdades individuais*, assegurando os indivíduos contra os atos abusivos do Estado. Nesse sentido, o processo penal deve servir como instrumento de limitação da atividade estatal, estruturando-se de modo a garantir a plena eficácia aos direitos individuais constitucionalmente previstos, como a presunção de inocência, contraditório, defesa, etc.[276]

Tal visão vem sendo apresentada em contraposição com a visão utilitarista do Processo Penal, através da qual se combate a violência a qualquer custo, ao se objetivar um processo despido das garantias constitucionalmente asseguradas e voltado à celeridade do seu fim com a busca pela aplicação da pena,[277] relacionando-o com os movimentos repressivistas. Busca-se um apenado, pouco importando os meios utilizados e/ou se este é, efetivamente, penalmente responsável pelo suposto delito. Nas palavras de Fauzi Hassan Choukr, vivenciamos um Processo Penal de emergência.[278]

O grande debate até então realizado pode ser resumido na dicotomia existente entre "meios" e "fins". Em outros termos, estamos tratando da distinção entre efetividade e eficiência do Processo Penal. Conforme Jacinto Nelson de Miranda Coutinho, a efetividade busca a análise dos fins, e a eficiência, dos meios.[279] Quando tratamos de um Processo Penal Constitucional que tenha por objetivo a proteção dos direitos e das garantias individuais, tratamos da eficiência como instrumento (meio)[280] de garantias.

Além do Processo como instrumento de aplicação do Direito Penal, há entendimento de que um dos fins desse Direito era a obtenção da verdade real. Diversos são os argumentos que nos remetem à impossibilidade

---

[275] Neste sentido, interessante obra de Alberto Binder. BINDER, Alberto M. *O descumprimento das formas processuais*: elementos para uma crítica da teoria unitária das nulidades no processo penal. Rio de Janeiro: Lumen Juris, 2003.

[276] LOPES JÚNIOR, 2004, op. cit., p. 37.

[277] Ibid., p. 48.

[278] CHOUKR, 2002, op. cit., p. 05-10.

[279] COUTINHO, 2002, op. cit., p. 143.

[280] FIGUEIREDO DIAS, Jorge de. *Direito Processual Penal*. v. 1. Coimbra: Coimbra, 1974, p. 60.

de atingirmos a verdade real, assim como os malefícios de se acreditar na sua existência.

Pensa-se no fim – verdade real – e esquece-se do meio – Processo Penal Constitucional. Esse agir desenfreado na busca pela verdade real é "legitimado" pelo suposto interesse público. Contudo, *não podemos esquecer que o Processo Penal constitui um ramo do Direito Público, e que a essência do Direito Público é a autolimitação do Estado.*[281] Utiliza-se, aqui, a máxima de que o fim justifica o meio empregado.

A verdade real é um mito, algo inatingível. Ela está no todo, não na parte, sendo que esse todo se constitui em algo inatingível ao homem.[282] O juiz – no Processo Penal Constitucional, fulcrado no sistema acusatório – é um mero espectador, recebendo as informações de outras pessoas envolvidas no sistema. Cabe ressaltar, aqui, que uma das principais espécies de prova no Processo Penal brasileiro é testemunhal, ou seja, um homem narra a sua versão dos fatos ao espectador – o juiz. O que a testemunha narra, em verdade, é a sua recordação dos fatos, na maioria das vezes, tendo a sua lembrança preenchida por um imaginário pessoal, até verdadeiro, porém decorrente de outros fatos.[283] A testemunha, na maioria das vezes, chega a uma conclusão para, a partir dela, fazer o seu relato dos fatos.

Como já foi exposto, é impossível ao ser humano relatar o todo; são relatados fragmentos, muitas vezes completados pelo imaginário humano. A verdade (real) não pode ser encontrada em fragmentos e no imaginário das pessoas. A verdade esteve presente – e também isso é questionável – uma única vez e isso se deu no momento em que os fatos se sucederam.

O Processo Penal, através da prova, possui como objetivo a reconstituição de um fato histórico, porém essa reconstituição, por ser originária no imaginário das pessoas, é sempre minimalista e imperfeita.[284] Desta forma, como afirma Aury Lopes Júnior, *é absurdo equiparar o real ao imaginário, esquecendo que o passado só existe no imaginário, na memória, e que, por isso, jamais será real.*[285]

Ao buscar a chamada "verdade real", o legislador de 1941 previu ações incompatíveis com o sistema acusatório constitucionalmente eleito:

---

[281] LOPES JÚNIOR, 2004, op. cit., p. 37.

[282] COUTINHO, Jacinto Nelson de Miranda. Glosas ao verdade dúvida e certeza, de Francesco Carnelutti, para os operadores do direito. In: HERRERA FLORES, Joaquín; SÁNCHEZ RUBIO, David; CARVALHO, Salo de (orgs.). *Anuário Ibero-Americano de Direitos Humanos*. Rio de Janeiro: Lumen Juris, 2002 b, p. 178-179.

[283] LOPES JÚNIOR, 2004, op. cit., p. 263.

[284] Ibid., p. 262.

[285] Id., ibid.

Entre as evidências apontadas no livro, algumas nos parecem estruturantes, como os poderes conferidos pelo CPP ao magistrado para: a) discordar do pedido de arquivamento do inquérito, b) reinterrogar o acusado, c) ouvir, quando julgar necessário, quaisquer pessoas além daqueles indicadas pelas partes, d) requisitar, de ofício, documentos sobre cuja notícia tiver conhecimento, e) ordenar busca pessoal, f) decretar prisão processual independente de provocação e, fundamentalmente, g) requisitar prova e dirimir dúvida sobre ponto relevante.[286] [287]

Desta forma, pretendemos que se trabalhe com um grau de certeza relativizado, ou, em outras palavras, com uma probabilidade fundamentada. Não baixa, porque o dever processual seria sempre o da absolvição, utilizando o princípio do *in dubio pro reo*, mas sim o de uma verdade suficientemente consistente para que seja proferida uma decisão verdade essa que, para ser alcançada, é imprescindível a constitucionalidade dos meios empregados. Alguns denominam esse grau aceitável de probabilidade de *"verdade formal ou processual"*[288] ou, ainda, identificada como a superação da dúvida.[289] Francisco Carnelutti entende que a verdade existente é uma só, e aquela chamada de verdade formal, por isso, não é verdade. Assim, ele trabalha com uma dimensão de certeza, ou seja, uma certeza suficiente para responder à questão-objeto do Processo Penal.[290]

---

[286] CARVALHO, Salo de. *Uma teoria garantista da ação penal: apresentação da terceira edição da obra de José Antonio Paganella Boschi*. In: BOSCHI, José Antônio Paganella. *Ação Penal*. 3. ed. rev., atual. e aum. Rio de Janeiro: AIDE, 2002 a, p.11.

[287] No mesmo sentido: CARVALHO, Salo de. As reformas parciais no processo penal brasileiro. In: CARVALHO, Amilton Bueno de; CARVALHO, Salo de. *Reformas penais em debate*. Rio de Janeiro: Lumen Juris, 2005, p. 104-106.

[288] FERRAJOLI, 2002, op. cit., p. 38 e LOPES JÚNIOR, 2004, op. cit., p. 265.

[289] Nesse sentido: "Não mais a procura da verdade a qualquer preço mas a superação da dúvida, a ser promovida pela observância de regras éticas de comportamento não apenas por parte do acusador mas, mui especialmente, por parte do encarregado pelo Estado de julgar o acusado". SUANNES, Adauto. *Os fundamentos éticos do devido Processo Penal*. 2. ed. São Paulo: Revista dos Tribunais, 2004, p. 148.

[290] COUTINHO, 2002 b, op. cit., p. 178-182.

5. Crítica aos fundamentos extradogmáticos de intervenção

5.1. (IN)EFICÁCIA DO MODELO DE POLÍTICA CRIMINAL REPRESSIVISTA NO CONTROLE DA CRIMINALIDADE: CIFRAS OCULTAS E AUMENTO DA VIOLÊNCIA PENAL

A seleção das pessoas que serão punidas ocorre devido ao trabalho de um conjunto de agências (órgãos) que integram o sistema responsável pelo exercício do poder punitivo ou, conforme alguns, sistema penal. Esse pode ser dividido em duas etapas: a primária e a secundária.[291]

A criminalização primária ocorre com a previsão, através de uma lei de caráter penal, de uma conduta humana como infração penal. Trata-se da criação de um tipo penal, ou seja, um modelo de conduta incriminatória, a qual é direcionado, indistintamente, a todos os membros da sociedade; as agências políticas são as responsáveis pela sua elaboração. Assim, o poder legislativo apresenta o condão de prever as condutas que serão penalizadas, quando praticadas. Os integrantes das agências que compõem esta primeira etapa têm o seu poder limitado à previsão das ações típicas, porém não são responsáveis pela sua aplicação.

Em momento posterior, tem-se a criminalização secundária, a qual possui como integrantes a polícia, o Ministério Público, o Poder Judiciário, os advogados e, ainda, outras pessoas envolvidas nas fases de investigação, de instrução processual e de execução penal. A função destas agências é de dar efetividade às previsões realizadas por aqueles integrantes da fase anterior da criminalização. Diferentemente da primeira, em que as ações daquelas agências eram direcionadas para uma pessoa indeterminada e

---

[291] ZAFFARONI; BATISTA; ALAGIA; SLOKAR, 2003, op. cit., p. 43 e seguintes.

desconhecida, na segunda, os integrantes das agências criminalizadoras apresentam as suas ações dirigidas a pessoas específicas. Neste sentido, toda ação de criminalização secundária possui um fim específico.

Ocorre que uma parcela ínfima das pessoas que praticam as condutas consideradas como infrações penais será objeto da ação da criminalização secundária. Tendo consciência disso, cabe saber como será realizada tal seleção, a qual trará para o sistema penal os que serão considerados criminalizados e os que serão tidos oficialmente como vitimizados.

Verifica-se que a parte selecionada para integrar o rol de criminosos é composta, invariavelmente, por pessoas que estão ou são vulneráveis. Conforme Eugenio Raúl Zaffaroni, Nilo Batista, Alejandro Alagia e Alejandro Slokar,[292] há três espécies de indivíduos vulneráveis.

O primeiro grupo é formado por aqueles que são estereotipados[293] pela própria sociedade como delinqüentes e, nesse sentido, responsáveis pela homogeneidade das populações carcerárias, visto que se constituem, na maior parte, dos selecionados. Com base em preconceitos, possuem sobre eles uma imagem pública de delinqüentes. Quando se argumentava que era possível identificar o criminoso pelos elementos estéticos, genéticos e sociais,[294] [295] o que se estava realizando era uma identificação para a criminalização daquele indivíduo. Certamente não são somente as pessoas que possuem o referido estigma que integram o rol de criminalizados. Por vezes, outras pessoas, com características bem diferentes, são objeto da mesma censura, atuando, assim, como uma exceção que serve para justificar a regra do estereótipo. A punição de pessoas não-convencionais legitima ainda mais a existência de indivíduos preconcebidos como criminosos. Além da posição social desvantajosa, esses, por possuírem educação precária, acabam por realizar "obras toscas",[296] ou seja, os atos ilícitos por eles praticados são menos elaborados e, conseqüentemente, mais visíveis.

O segundo grupo é formado por pessoas que agiram de forma tão grotesca que se tornaram suscetíveis de criminalização. Diferentemente do grupo anterior, eles não possuem o estereótipo de delinqüentes; no entanto,

---

[292] ZAFFARONI; BATISTA; ALAGIA; SLOKAR, op. cit., p. 46 ss.

[293] Sobre o tema, é importante esclarecer que concordamos com Carlos Roberto Bacila quando este afirma que o Direito tem como uma das suas funções lutar contra a estigmatização dos cidadãos. BACILA, Carlos Roberto. *Estigmas*: um estudo sobre os preconceitos. Rio de Janeiro: Lumen Juris, 2005, p. 185-192.

[294] LOBROSO, Cesare. *O homem delinqüente*. Porto Alegre: Lenz, 2001.

[295] FERRI, Enrico. *Princípios de Direito Criminal*. 2. ed. Campinas: Bookseller, 1998, p. 197-352.

[296] ZAFFARONI; BATISTA; ALAGIA; SLOKAR, 2003, op. cit., p. 51.

assim como os membros daquele grupo, realizaram uma atividade grotesca ou trágica, tornando-se, por este motivo, vulneráveis à criminalização.

O terceiro grupo é assim caracterizado pelos já citados autores:

> alguém que, de modo muito excepcional, ao encontrar-se em uma posição que o tornara praticamente invulnerável ao poder punitivo, levou a pior parte em uma luta de poder hegemônico e sofre por isso uma ruptura de vulnerabilidade (criminalização devido à falta de cobertura). [297]

A criminalização das pessoas pertencentes ao último grupo citado serve *também para encobrir ideologicamente a seletividade do sistema, que através de tais casos pode apresentar-se como igualitário.*[298] Essas circunstâncias, que tiveram muito crescimento nas últimas décadas, geraram aquilo que foi denominado de "inversão de seletividade",[299] já que os selecionados – até para demonstrar que esses também são alvo da ação estatal – pertencem a outro grupo social.

As três categorias acima citadas criam um estado de vulnerabilidade, podendo levar tais indivíduos a tal situação, o que gera uma posição concreta de risco. Até então, o mero estado de vulnerabilidade não se constituía na iminência de criminalização, a qual passa a existir a partir de um momento subseqüente, através de uma concreta situação vulnerável. Quanto maior o estado de vulnerabilidade em que se encontra aquela pessoa, menor será o "esforço" para se chegar a tal situação ou, no mesmo sentido, quanto menor o estado de vulnerabilidade, maior deverá ser o seu "esforço" para se manter nessa situação.[300]

A seleção, porém, não fica limitada ao criminalizado, sendo estendida, também, às vítimas e aos membros das agências responsáveis diretas pelo primeiro contato com esses (os policiais). Também é possível identificar características comuns nas vítimas das ações criminosas. Desde já, pode-se afirmar que os membros mais vitimados possuem as mesmas características dos criminalizados. No mesmo sentido, as pessoas mais protegidas da tipificação das suas condutas, por exercerem atos mais requintados, com discrição e inteligência, são as que estão mais protegidas de se tornarem vítimas. *As agências outorgam maior segurança a quem detém maior poder.*[301] Entretanto, quando as últimas pessoas são as vítimas, existe uma repercussão que nos leva a crer que esses são os maiores vitimados. Uma

---

[297] ZAFFARONI; BATISTA; ALAGIA; SLOKAR, 2003, op. cit., p. 49.

[298] Ibid., p. 50.

[299] CARVALHO; CARVALHO, 2004, op. cit., p. 84.

[300] ZAFFARONI; BATISTA; ALAGIA; SLOKAR, 2003, op. cit., p. 49.

[301] Ibid., p. 54.

das situações mais preocupantes é que a classe social mais vitimizada é mais criminalizada (baixa). Essa mesma classe social é a que mais aceita políticas criminais repressivistas, com autoritarismo e com irracionalidade penal, sendo, também, a maior vítima deste modelo. É importante frisar que, apesar de ser abordado o critério da classe social, esse não é o único selecionador de vítimas, assim como não é a única forma de "selecionar" criminalizados, conforme já foi demonstrado.

Foram, até o momento, apresentados os selecionados para as posições de "delinqüente" e de "vítima". Visualiza-se também o fato de que os policiais têm a mesma origem dos criminalizados e dos vitimados. Podem-se apresentar, de imediato, duas razões que possuem profunda ligação com essa situação: baixos salários e a deterioração da imagem desses agentes perante a sociedade.

Fica claro que são selecionadas para as posições de criminalizados (além das vítimas e dos policiais) as pessoas que possuem o mesmo estereótipo, sendo esse relacionado, principalmente, às questões raciais e econômicas. Poder-se-ia afirmar, então, que, com o aumento da repressão penal, há somente um grupo prejudicado, sendo ele o mesmo que exerce o papel de criminoso, vítima e policial, colaborando, desta forma, para o estigma exercido sobre eles e, conseqüentemente, com o aumento da "distância" daqueles considerados hierarquicamente superiores. Ao se apontar, como a mídia faz diariamente – e, diga-se de passagem, com grande poder de persuasão –, o exercício do poder punitivo como uma guerra contra a criminalidade, está-se iniciando – ou dando prosseguimento – a um combate contra aqueles considerados de hierarquia inferior. Em outras palavras, a guerra que se diz travada contra o crime, em verdade, é contra um grupo de pessoas.

Observa-se tanto no momento histórico relatado por Miguel Reale Júnior, quanto naquele em que foi criado o diploma processual penal nacional e no atual,

> em vez de políticas sociais de inclusão dos herdeiros desvalidos da escravidão, a República instalou o controle social da perseguição policial, em um processo de etiquetagem e de marginalização dos marginalizados que apenas aprofundava, como aprofundou, a crise social, em especial em cidades maiores, conduzindo à desorganização sem limites da sociedade, retratada com cores fortes nas megalópoles que se multiplicam no Brasil de hoje.[302]

Existem motivos para a escolha de uma política criminal vigente no país. Observa-se, com facilidade, que os "clientes" preferidos do sistema

---

[302] REALE JÚNIOR, 2003, op. cit., p. 67.

penal apresentam origens semelhantes. Tem-se, deste modo, com a aplicação desta política criminal, um instrumento capaz de manter as classes sociais na mesma situação,[303] a saber, uns na condição de dominantes do poder e outros, como excluídos dessa sociedade. Maria Lúcia Karam explica a razão pela qual o sujeito do crime, na maioria das vezes, possui a mesma origem:

> (...) vê-se que o patrimônio é o mais protegido e valorado entre os vários bens jurídicos considerados na definição de condutas delituosas. A funcionalidade do sistema penal não consiste apenas em supervalorizar o patrimônio. Ele também identifica o criminoso como o mal, o inimigo. Agindo prioritária e necessariamente contra pessoas das classes subalternizadas, ele vai identificá-las como seus inimigos, os maus. Qualquer figura criminosa serve para isso. [304]

Essas pessoas possuem as suas vidas mais expostas. Desta forma, necessariamente, os crimes praticados por elas são mais visíveis. Conclui-se, com isso, que *"essa visibilidade contribui, portanto, para a visão de que o criminoso vem das classes subalternizadas, sendo elas as pessoas perigosas"*.[305]

A pena, manifestação clara de poder, destina-se a manter e a reproduzir os valores e os interesses dominantes em uma dada sociedade. Esse sistema – que pune, principalmente, pessoas com uma mesma origem – atua como forma de excluí-los da sociedade, fazendo com que eles ponham a máscara de perigosos, pessoas do mal, inimigos da sociedade. Nesse sentido, Maria Lúcia Karam declara:

> (...) não é necessário nem funcional acabar com a criminalidade de qualquer natureza e, muito menos, fazer recair a punição sobre todos os autores de crimes, sendo, ao contrário, imperativa a individualização de apenas alguns deles, para que, exemplarmente identificados como criminosos, emprestem sua imagem à personalização da figura do mal, do perigoso, assim possibilitando a simultânea e conveniente ocultação dos perigos e dos males que sustentam a estrutura de dominação do poder. [306]

---

[303] Maria Lúcia Karam explica que o sistema penal está adequado ao capitalismo de tal modo que é utilizado para manter as classes sociais rígidas e cada vez mais separadas. Assim, "tratando-se de um atributo negativo, o status de criminoso necessariamente deve recair de forma preferencial sobre os membros das classes subalternizadas, da mesma forma que os bens a atributos positivos são preferencialmente distribuídos entre os membros das classes dominantes, servindo o excepcional sacrifício, representado pela imposição de pena a um ou a outro membro das classes dominantes (ou a alguns condenados enriquecidos e, assim, supostamente poderosos), tão-somente para legitimar o sistema penal e melhor ocultar seu papel de instrumento de manutenção e de reprodução dos mecanismos de dominação". KARAM, 1996, op. cit., p. 81.

[304] CLEINMAN, 2001, op. cit., p. 12-13.

[305] Ibid., p. 13.

[306] KARAM, 1996, op. cit., p. 82.

POLÍTICA CRIMINAL E DIREITOS HUMANOS

O argumento para o "combate" a tais regiões é a necessidade de acabar com a "violência" e de proteger a sociedade daquele local. Inicialmente, cabe identificar que mais uma vez se rotulam as pessoas, como se efetivamente existissem os bons cidadãos e os inimigos da sociedade.[307] Escolhe-se um tipo de criminalidade para ser atacada, identificando-se o tal "inimigo da sociedade" e, como conseqüência, tem-se um tratamento diferenciado.

É preciso identificar as funções e os limites de cada instrumento para que se possa utilizá-lo da melhor forma possível em um efetivo combate às causas da criminalidade e não às conseqüências, mantendo os postulados constitucionais intactos.[308]

Uma das obras publicadas nos Estados Unidos sustenta que *"as desigualdades raciais e de classes na América refletem as diferenças individuais de 'capacidade cognitiva'"*.[309] Além de chamarem os pobres de criminosos, dizem que essa ação criminosa é decorrente do baixo quociente intelectual.

Em outro momento, Salo de Carvalho apresenta o efeito deste processo de seletividade:

> O efeito deste processo, situado aparentemente na esfera econômica, é a descartabilidade do valor da "pessoa humana" e o retorno a um estado pré-civilizatório (bárbaro) no qual impera a lei do mais forte.[310]

Com isto, caminha-se no sentido contrário ao almejado em um Estado Democrático de Direito que possui na lei o poder de buscar a igualdade. Em outras palavras, verifica-se que a lei penal dirige-se, da forma como vem sendo utilizada, em sentido contrário ao almejado no modelo de Estado constitucionalmente assegurado.

Partindo-se do conceito de Direito Penal, e da sua missão de proteger o bem jurídico, através de um Processo Penal, e de uma pena, como função retributiva e preventiva, fundamenta-se a política criminal repressivista. Neste sentido, com o aumento da lei penal, eleva-se o número de selecionados, pois esses são prioritariamente de uma mesma origem. Conclui-se, neste sentido, que as agências penais estão sendo utilizadas como um instrumento de distanciamento social. Conseqüentemente, o legislador vai de

---

[307] Já citamos, neste sentido, Carnelutti: "A idéia de dentro estarem somente canalhas e fora somente honestos não é mais que uma ilusão; aliás, ilusão é que um homem possa ser todo canalha ou todo honesto". CARNELUTTI, 2002, op. cit., p. 82.

[308] COUTINHO, Jacinto Nelson de Miranda. A crise da segurança pública no Brasil. In: BONATO, Gilson (org.). Garantias constitucionais e Processo Penal. Rio de Janeiro: Lumen Júris, 2002 a, p. 184.

[309] WACQUANT, 2001 a, op. cit., p. 24.

[310] CARVALHO, 2003 a, op. cit., p. 191.

encontro aos ideais do Estado Democrático de Direito, impossibilitando, ainda, o pleno exercício dos Direitos Humanos. Como bem destacou Salo de Carvalho:

> Todavia, para que esta percepção seja possível, fundamental que os operadores das ciências criminais tenham (cons)ciência de que os riscos da sociedade pós-industrial (riscos catastróficos e imensuráveis) estão para além da capacidade de controle penal, e que a era da segurança (jurídica) foi soterrada pelo próprio projeto que a construiu: a Modernidade.[311]

5.2. TENSÃO ENTRE DIREITO PENAL MÍNIMO E DIREITO PENAL MÁXIMO

Como se observam em diversas estatísticas divulgadas pela imprensa, os índices de criminalidade crescem constantemente. Desde já, pode-se concluir que a utilização de uma legislação penal de terror, ao aumentar as penas, criminalizar condutas e minimizar garantias, não é eficiente no "combate" à criminalidade.[312]

Freqüentemente, retomam-se discussões como a da pena de morte, como se essa fosse outra solução para a referida situação.[313] À primeira vista, pode-se concluir que, se o aumento de penas fosse causa para a redução do número de crimes, teríamos, no Brasil, poucos delitos cometidos. Como foi demonstrado anteriormente, as políticas criminais repressivistas não obtêm o resultado prometido, qual seja, o da redução da criminalidade. Utilizam-se, como primeira (ou única) opção para reprimir a criminalidade – apesar de ser o crime um fenômeno natural da sociedade[314] –, as Ciências Penais que, em verdade, deveriam ser a última saída.

É fato notório que a resposta ao aumento desses índices pelos governantes pátrios é a inflação legislativa[315] no âmbito penal, processual penal

---

[311] CARVALHO, 2003 a, op. cit., p. 208.

[312] GAUER, 2003, op. cit., p. 15.

[313] PASTANA, 2003, op. cit., p. 111-112.

[314] GAUER, 2003, op. cit., p. 13-14.

[315] Conforme leciona Salo de Carvalho, tal política afronta os princípios do garantismo penal que prima pela intervenção mínima, tendo por base o princípio da necessidade. "Trata-se de um critério de economia que procura obstaculizar a elefantíase penal, legitimando proibições somente quando absolutamente necessárias. Os direitos fundamentais, neste caso, corresponderiam aos limites do direito penal". Agrega-se, ainda, o princípio da lesividade, buscando a máxima tutela de bem jurídicos, impondo o mínimo necessário de proibições e punições. Ver: CARVALHO, 2003 b, op. cit., p. 91-92.

e de execução penal[316] – não se trata de nenhuma novidade. Como exemplo da opção pelos modelos repressivistas pode-se citar a criação do Código de Processo Penal nacional na década de 1940. A fonte de inspiração desse diploma é o Código Processual Penal italiano, legislação que priorizou a ação repressiva do Estado contra os "delinqüentes", com um modelo de natureza inquisitiva, em detrimento do respeito aos direitos e às garantias fundamentais.[317][318]

Os movimentos repressivistas apresentam por base teórica a pena como instrumento de prevenção e de repressão ao crime (causando o maior mal possível ao condenado). Além disso, sua missão reside na tutela do bem jurídico, o que já foi, anteriormente, discutido e rechaçado. Além disso, para eles qualquer meio utilizado pode ser justificado pelo fim visado, ou seja, com o objetivo de se alcançar o fim da criminalidade, utiliza-se o instrumento disponível, ainda que cause lesões a Direitos Fundamentais.

Contudo, a atuação do Direito Penal deve ficar limitada a poucas ocasiões, nas quais não há outra forma de responder à determinada conduta humana. Quebra-se, de pronto, com a idéia de que esse ramo do Direito possui o escopo de tutelar os bens jurídicos; também se cria a função estrita de proteção dos acusados, através da limitação do poder punitivo, sempre que houver dano a um bem jurídico. A lesão desse, como já foi exposto, atua como um pressuposto para a tipificação da conduta, mas não como um fim de proteção ao Direito Penal.

Neste sentido, uma das efetivas formas de redução da intervenção penal nos conflitos sociais ocorre através da incidência do princípio da insignificância ou da bagatela, conforme já foi tratado. Refere-se, aqui, à atipicidade material de condutas que lesionam de forma insignificante

---

[316] Amilton Bueno de Carvalho expressa, com propriedade, essa problemática: "Acontece, porém, que a realidade legislativa brasileira segue exatamente o caminho inverso da penalização mínima, ao ponto de causar espanto até entre os penalistas conservadores. A dramatização da violência e a criação do tipo penal bandido (terreno fértil à emergência de movimentos tipo 'Lei e Ordem') é de tal forma presente que alcança o legislador, daí emergindo uma espécie de direito antiético, para usar a expressão de Damásio, onde se busca cada vez mais criminalizar condutas, com penas alarmantes e com inibição de benefícios aos condenados (por todos, ver a Lei dos Crimes Hediondos). Vive-se momento de 'inflação legislativa' (Juary C. Silva), de 'esquizofrenia legislativa' (Alberto Zacharias Toron), ou em autêntico 'Panóptico Legal', como quer Salo de Carvalho, onde todos somos perseguidos pelo Leviatã (a ingenuidade – Leis Penais como solução a tudo – alcança até segmentos progressistas: há movimento feminista, postulando criação do tipo penal assédio sexual, como se outros ramos do direito não pudessem dar a ele eficaz resposta)". CARVALHO, Amilton Bueno de. *Direito Alternativo em movimento*. 5. ed. Rio de Janeiro: Lumen Juris, 2003, p. 109.

[317] CARVALHO, Salo. Considerações sobre o discurso das reformas processuais penais. Doutrina, Rio de Janeiro, v. 13, 2002 c.

[318] *"No Brasil, as respostas à criminalidade consistem, em sua grande maioria, em penas severas traduzidas em menos garantias constitucionais e um recurso mais amplo ao encarceramento".* PASTANA, 2003, op. cit., p. 112.

determinados bens jurídicos;[319] neste aspecto, aplica-se o princípio da adequação social.

Diante do que até então foi analisado, verifica-se de suma importância o estudo dos modelos de Direito Penal, objetivando-se, desta forma, identificar aquele modelo que viole em menor grau o Estado de Direito. De plano, podem ser apresentados dois modelos, os chamados Direito Penal Autoritário e Direito Penal de Garantias.

Como premissa ao estudo do quanto de intervenção penal deve-se ter em um Estado de Direito, já relacionando com o estudo da função da pena e com a conseqüente limitação do poder punitivo de um Estado através da tutela dos Direitos Humanos, apresenta-se o pensamento de Eugenio Raúl Zaffaroni, Nilo Batista, Alejandro Alagia e Alejandro Slokar:[320]

> É claro que não há convivência humana sem lei, mas a lei da convivência não é penal, mas sim ético-social e jurídica não-penal. Não se sustentaria uma sociedade cujos membros realizassem todas as ações que sabem não estarem criminalizadas, bem como as que eles soubessem que não o seriam secundariamente (ou teriam pouca probabilidade de sê-lo) por incapacidade operativa das agências do sistema penal.

Destaca-se, novamente, que a opção pela política de maior ou de menor intervenção estatal, através do Direito Penal, e o que se chama de Direito Penal Máximo e Direito Penal mínimo são situações distintas. Provavelmente os que optam, diante da assertiva acima, pelo Direito Penal Máximo, são os que não estão em estado de vulnerabilidade. Esses entendem que os inocentes que serão penalizados (para que nenhum culpado fique impune) são os estereotipados e não eles.

Entende-se que o Direito Penal deve agir somente em última hipótese. A inserção do Estado nos conflitos sociais deve ser limitada a poucas hipóteses para, entre outros efeitos, aumentar a sua eficácia, respeitando, sempre, as garantias dos acusados.[321] Existe, como já foi exposta, a argumentação de que o Estado deveria intervir nos conflitos sociais para não deixar sua imagem prejudicada pela ocorrência do ato criminoso. No mesmo sentido, diminuindo as hipóteses de intervenção penal estatal, maior será a eficácia e mais preservada estará a imagem do Estado, como res-

---

[319] Neste sentido, Francisco Muñoz Conde observa: *"Igualmente, deve-se conduzir a uma racional política descriminalizadora dos crimes de bagatela e de comportamentos sociais vastamente estendidos a amplas camadas da população, oferecendo alternativas, distintas das penas, para sua solução"*. MUÑOZ CONDE, 2005, op. cit., p. 107.

[320] ZAFFARONI; BATISTA; ALAGIA; SLOKAR, 2003, op. cit., p. 118-119.

[321] FERRAJOLI, Luigi. A pena em uma sociedade democrática. *Discursos sediciosos*: crime, direito e sociedade, Rio de Janeiro, n. 12, p. 34-35, 2002.

ponsável pelo exercício do poder punitivo. Caso a intervenção fosse máxima, ocorreria, como está acontecendo, a falência do sistema penal, tanto judicial quanto executivo da pena. Desta forma, além de os objetivos não serem atingidos, há um desrespeito total às garantias dos cidadãos, e a imagem do ente público estaria (está) totalmente abalada.

No entanto, o mais consistente argumento para o Direito Penal atuar como *ultima ratio* reside no extremismo da violência em que se consiste. A pena, conseqüência do Direito Penal, é, como a guerra,[322] uma solução extrema e imperfeita (teoria negativa ou agnóstica da pena). Nesse sentido, a intervenção mínima do Direito Penal baseia-se na idéia de que esse somente deverá agir quando houver significativo conflito social (lesão a bem jurídico-penal) e desde que a limitação da violência não possa ser feita por outros ramos do Direito. O número de bens ensejadores da atuação do Direito Penal deve ser limitado ao máximo, o que já ocorre com bastante intensidade em decorrência do princípio secularizador.[323]

Conforme o princípio da secularização, aqui adotado, o Direito não representa os ditames da moral ou de valores éticos-políticos, *sendo, somente, o produto de convenções legais não-predeterminadas ontologicamente nem mesmo axiologicamente.*[324] *Desse modo, cada indivíduo seria responsável perante a sua própria consciência pela observância das regras morais, pela construção existencial virtuosa. Ao Direito caberia regular heteronomamente as ações humanas, desde que, porém, exteriorizadas nas mais variadas formas de comportamento, verificáveis nas relações de convivência ou de tráfico social.*[325]

Com a aplicação do princípio da secularização, há, necessariamente, uma menor inserção do Direito (Penal) nos conflitos sociais, já que se desqualifica a criminalização de condutas imorais, delimitando-se a atividade legiferante.[326]

Tendo por base a intervenção penal como técnica de controle do exercício do poder punitivo que mais viola direitos sagrados como a liberdade e a dignidade da pessoa humana, a sua utilização deve ocorrer em casos extremos. A lei penal possui o dever de prevenir os mais graves custos individuais e sociais, ao minimizar a violência e proteger os mais fracos dos

---

[322] BARRETO, Tobias. Fundamentos do direito de punir. *Revista dos Tribunais*, São Paulo, v. 727, p. 644, 1996.

[323] CARVALHO; CARVALHO, 2002, op. cit., p. 29.

[324] FERRAJOLI, 2002, op. cit., p 175.

[325] TOLEDO, Francisco de Assis. *Princípios básicos de Direito Penal*. 5. ed. São Paulo: Saraiva, 2002, p. 9.

[326] CARVALHO; CARVALHO, 2002, op. cit., p. 09, 27.

ataques arbitrários dos mais fortes – somente isso pode justificar o custo das penas e das proibições.[327] Dessa forma, são inadmissíveis as punições por atos que não lesionem (ou, ao menos, demonstrem efetivamente perigo de lesão) o bem jurídico, sendo ilógica a privação da liberdade (bem constitucionalmente assegurado), se aquilo que for lesionado não for igualmente relevante, com proteção constitucional.[328]

A escolha pelo modelo de intervenção mínima do Direito Penal nos conflitos sociais ganha relevância diante da realidade vivida na América Latina. Tal conclusão apresenta como pressuposto o fato de a intervenção, através do sistema penal, ser violenta, possuindo pouca racionalidade, o que resulta em mais violência. Por conseguinte, o sistema penal acrescentaria mais violência *àquela que, perigosamente, já produz o injusto jushumanista* (agressão aos Direitos Humanos) *a que continuamente somos submetidos.*[329]

---

[327] FERRAJOLI, 2002, op. cit., p. 372.

[328] Ibid., p. 380.

[329] ZAFFARONI, Eugenio Raúl; PIERANGELI, José Henrique. *Manual de Direito Penal brasileiro*: parte geral. 5. ed. São Paulo: Revista dos Tribunais, 2004, p. 78-79.

Conclusão

A presente pesquisa teve por objetivo analisar o tradicional modelo integrado de Ciências Penais e as suas conseqüências na política criminal a fim de se identificar se essa política era compatível com o modelo de Estado Democrático de Direito, principalmente no que se refere a ser um efetivo instrumento de tutela dos Direitos Humanos. No primeiro momento, tentou-se fazer mera apresentação descritiva dos institutos e das suas funções tradicionalmente aceitas.

No segundo momento, pretendeu-se realizar a análise crítica do modelo de Ciências Penais tradicionalmente aceito, partindo-se dos ideais do Estado Democrático de Direito. O objetivo final era identificar quais são as reais funções que devem ser atribuídas aos institutos que compõe o modelo integrado de Ciências Penais, para que se possa identificar a opção de política criminal compatível com o Estado Democrático de Direito que deve ser posta em prática, visando à efetiva tutela dos Direitos Humanos.

Em outras palavras, pretendeu-se identificar as funções do Direito Penal e do Processo Penal, partindo-se do modelo de Estado Democrático de Direito. Caso isso fosse alcançado, ter-se-ia a política criminal, a qual deve decorrer, necessariamente, dos conceitos das funções atribuídas ao Direito Penal e ao Direito Processual Penal, a serem adotadas.

Por fim, entende-se que a política criminal é decorrência do Direito Penal e do Direito Processual adotado, o qual é programado pela dogmática Penal e pela Processual Penal. Caso esses Direitos estejam desenvolvidos em compatibilidade com o modelo de Estado eleito, a política criminal também o seria. Quando se trata das características do Estado Democrático de Direito, destacam-se duas características em especial: as leis que busquem a igualdade social e o respeito aos Direitos Fundamentais. Em relação a esses, utilizamos o caráter mais amplo de proteção, na denominação de Direitos Humanos.

Neste momento, consideram-se os objetivos da pesquisa alcançados. No decorrer da primeira parte, foi possível verificar que, a partir do modelo integrado de Ciências Penais, desenvolve-se uma política criminal repressivista. Isso porque o Direito Penal, dentro desse modelo, possui a missão de tutelar bens jurídicos, sendo a pena tratada como um instrumento de prevenção e de repressão ao crime. O Processo Penal, por sua vez, é considerado como um instrumento de efetivação do Direito Penal Material ou, em outras palavras, a tutela do bem jurídico e a repressão e a prevenção da criminalidade são alcançadas através do Processo Penal. Com base nesses pressupostos, poder-se-ia identificar o Direito Penal e o Direito Processual Penal como efetivos instrumentos no combate à criminalidade. Foi com esse raciocínio que se desenvolveram a política criminal repressivista, através, por exemplo, dos movimentos de *Lei e Ordem*, *Janelas Quebradas* e *Esquerda Punitiva*.

O apoio social a esses movimentos é grande e decorre, entre outras situações, da inexistência de outras medidas políticas. A carência de políticas públicas que visem efetivamente à repressão à criminalidade é também imensa. Com isso, a população se depara com os crescentes índices de criminalidade; além disso, são-lhe apresentadas unicamente medidas penais, as quais possuem grande simbolismo, capazes de satisfazer momentaneamente os seus anseios, tendo, ainda, grande efeito eleitoreiro. Com isso, o Direito Penal, no âmbito político, tornou-se uma eficaz arma, já que atende aos anseios populares e garante um positivo resultado aos autores de tais leis em eleições futuras.

A situação torna-se mais preocupante quando surge de forma estruturada, com características próprias, denominada *Direito Penal do Inimigo*. Não se trata, efetivamente, de um novo modelo com todos os ideais novos. Pode-se afirmar, sem dúvida e com temor, que se está diante de uma das mais perigosas contribuições ideológicas para o modelo integrado de Ciências Penais. Neste estrutura, com funções definidas, distingue-se o cidadão – que comete crimes eventualmente – do inimigo – que comente crimes por princípios. Ao inimigo, limitam-se as garantias, tendo esse o pior tratamento possível, afinal, inimigo o é. Verifica-se que essa ideologia lesiona diretamente os princípios reitores do Estado Democrático de Direito, porque as leis não visam à igualdade e desprezam os Direitos Humanos. Um dos maiores males é que tais características constituiemse atrativo para a população que está insatisfeita com a omissão estatal e clama por ações urgentes e enérgicas. A essa massa eleitoreira, além dos argumentos jurídicos e da ineficácia desse tipo de ideologia, pode-se dizer que o inimigo de ontem foi um; o de hoje é outro; o de amanhã, ninguém sabe quem será.

Como se observam em constantes pesquisas, os índices de criminalidade crescem gradualmente. Isso possibilita concluir que a utilização de uma legislação penal de terror, aumentar as penas, criminalizar condutas e minimizar garantias,[330] não é eficiente.[331] Mesmo assim, mantém-se, cegamente – ou com intenções externas à técnica penal e à processual penal –, essas políticas criminais.

O fato é que a criminalidade nunca acabará, podendo ser reduzida a níveis toleráveis, desde que sejam adotadas as medidas políticas adequadas, as quais são políticas sociais e não penais. Entretanto, é preciso ter consciência de que se trata de um processo gradual e lento.[332]

No decorrer da segunda parte da pesquisa, foi possível analisar as funções do Direito Penal e do Processo Penal, partindo-se de uma análise crítica do que foi desenvolvido na primeira parte. Ao final, foi possível identificar que o Direito Penal é um instrumento legal de controle do poder punitivo. Ao não ser identificada qualquer função para a pena, constata-se que essa deve ser imposta com o objetivo de evitar ações mais lesivas por parte das vítimas (antigo modelo da vingança privada) e por parte do próprio Estado, principalmente a partir do momento em que esse exerce o monopólio do poder punitivo. Em relação à função de tutela do bem jurídico, verifica-se que o Direito Penal não se constitui em um instrumento de tutela do bem jurídico, até porque, quando o fato torna-se relevante ao Direito Penal, o bem jurídico já foi lesionado. Em outras palavras, o Direito Penal atua após a identificação da lesão ao bem jurídico, sendo essa um mero requisito.

O Processo Penal, neste aspecto, não pode ser identificado como um instrumento repressivista que busca identificar o responsável pela ação típica, ilícita e culpável. O Processo Penal deve ser considerado como um efetivo instrumento de garantias, ou seja, através dele é que se pode garantir aos acusados que o meio utilizado para verificar se a eles deve ou não ser aplicada pena pelo cometimento do fato delituoso será o mais idôneo possível, possuindo, deste modo, as garantias respeitadas em grau máximo.

---

[330] *"No Brasil, as respostas à criminalidade consistem, em sua grande maioria, em penas severas traduzidas em menos garantias constitucionais e um recurso mais amplo ao encarceramento"*. PASTANA, 2003, op. cit., p. 112.

[331] GAUER, 2003, op. cit., p. 15.

[332] COUTINHO, 2002 a, op cit., p. 184-185.

Verifica-se, desta maneira, que o Direito Penal e o Processo Penal, como instrumento de limitação do poder punitivo estatal, devem atuar apenas quando absolutamente necessários. Até porque se verifica que o uso das Ciências Penais estigmatiza os seus envolvidos, os quais, em regra, possuem mesma origem, estando à margem da sociedade. Com isto, resta evidente que o uso de leis penais e processuais penais, além dos casos excepcionais, causa distanciamento social, indo de encontro aos princípios reitores do Estado Democrático de Direito que prima por leis de caráter social que almejem a igualdade e o respeito aos Direitos Humanos.

Ao afirmar que a função do Direito Penal é a limitação do poder punitivo, tem-se que isso vai ao encontro do mandamento do Estado Democrático de Direito que determina a tutela dos Direitos Humanos. Em outras palavras, ao afirmar que a função do Direito Penal é limitar o poder punitivo, reconhece-se que o Direito Penal e o Processo Penal são eficazes instrumentos de efetivação dos Direitos Humanos, considerados através de uma nova perspectiva, integradora, crítica e contextualizada, nos termos da chamada Teoria Crítica dos Direitos Humanos.

Referências bibliográficas

ANDRADE, Vera Regina Pereira de Andrade. *A ilusão de segurança jurídica:* do controle da violência à violência do controle penal. Porto Alegre: Livraria do Advogado, 1997.

———. *Dogmática jurídica:* esboço de sua configuração e identidade. 2. ed. Porto Alegre: Livraria do Advogado, 2003.

BACILA, Carlos Roberto. *Estigmas:* um estudo sobre os preconceitos. Rio de Janeiro: Lumen Juris, 2005.

BANDEIRA DE MELLO, Celso Antônio. *Conteúdo jurídico do princípio da igualdade.* 3. ed. São Paulo: Malheiros, 2004.

BARATTA, Alessandro. Funções instrumentais e simbólicas do direito penal. Lineamentos de uma teoria do bem jurídico. *Revista Brasileira de Ciências Criminais,* São Paulo, ano 2, n. 5, 1994.

BARRETO, Tobias. Fundamentos do direito de punir. *Revista dos Tribunais,* São Paulo, v. 727, 1996.

BARROS, Marco Antonio. *A busca da verdade no Processo Penal.* São Paulo: Revista dos Tribunais, 2002.

BATISTA, Nilo. *Introdução crítica ao Direito Penal brasileiro.* 5. ed. Rio de Janeiro: Revan, 2001.

BECCARIA, Cesare. *Dos delitos e das penas.* Trad. de Torrieri Guimarães. São Paulo: Martin Claret, 2001.

BENTHAM, Jeremy. *Teoria das penas legais e tratado dos sofismas políticos.* São Paulo: CL Edijur, 2002.

BINDER, Alberto M. *O descumprimento das formas processuais:* elementos para uma crítica da teoria unitária das nulidades no Processo Penal. Rio de Janeiro: Lumen Juris, 2003.

BITENCOURT, Cezar Roberto. *Falência da pena de prisão.* São Paulo: Saraiva, 2004.

———; MUÑOZ CONDE, Francisco. *Teoria do delito.* São Paulo: Saraiva, 2000.

BOBBIO, Norberto. *A era dos direitos.* Rio de Janeiro: Campus, 1992.

BRUNO, Aníbal. *Das penas.* Rio de Janeiro: Editora Rio, 1976.

BUSATO, Paulo César. HUAPAYA, Sandro Montes. *Introdução ao Direito Penal:* fundamentos para um sistema penal democrático. Rio de Janeiro: Lumen Juris, 2003.

CARNELUTTI, Francesco. *As misérias do Processo Penal.* Campinas: Bookseller, 2002.

CARTA DE PRINCÍPIOS DO MOVIMENTO ANTITERROR. *Revista de Estudos Criminais,* Sapucaia do Sul, n. 10, 2003.

CARVALHO, Amilton Bueno de. *Direito Alternativo em movimento.* 5. ed. Rio de Janeiro: Lumen Juris, 2003.

CARVALHO, Salo . *As reformas parciais no Processo Penal brasileiro.* In: CARVALHO, Amilton Bueno de; CARVALHO, Salo de. *Reformas penais em debate.* Rio de Janeiro: Lumen Juris, 2005.

———. *A ferida narcísica do Direito Penal* – primeiras observações sobre as (dis)funções do controle penal na sociedade contemporânea. In: GAUER, Ruth. *A qualidade do tempo: para além de aparências históricas.* Rio de Janeiro: Lumen Juris, 2003 a.

———. Memória e Esquecimento nas Práticas Punitivas. *Estudos Ibero-americanos,* Porto Alegre, v. 02, 2006 a.

————. *Uma teoria garantista da ação penal: apresentação da terceira edição da obra de José Antonio Paganella Boschi*. In: BOSCHI, José Antônio Paganella. *Ação Penal*. 3. ed. rev., atual. e aum. Rio de Janeiro: AIDE, 2002 a.

————. Teoria agnóstica da pena: o modelo garantista de limitação do poder punitivo. In: ————. *Crítica à execução penal: doutrina, jurisprudência e projetos legislativos*. Rio de Janeiro: Lumen Juris, 2002 b.

————. Cinco teses para entender a desjudicialização material do Processo Penal brasileiro. In: WUNDERLICH, Alexandre; CARVALHO, Salo de (orgs.). *Novos diálogos sobre os Juizados Especiais Criminais*. Rio de Janeiro: Lumen Juris, 2005.

————. *Pena e garantias*. 2. ed. Rio de Janeiro: Lumen Juris, 2003 b.

————. *A política criminal de drogas no Brasil*: estudo criminológico e dogmático. 3. ed. reesc., ampl. e atual. Rio de Janeiro: Lumen Juris, 2006 b.

————. *Considerações sobre o discurso das reformas processuais penais*. Doutrina, Rio de Janeiro, v. 13, 2002 c.

CARVALHO, Salo de; CARVALHO. Amilton Bueno de. *Aplicação da pena e garantismo*. 2. ed. Rio de Janeiro: Lumen Juris, 2002.

————. *Aplicação da pena e garantismo*. 3. ed. Rio de Janeiro: Lumen Juris, 2004.

CHOUKR, Fauzi Hassan. *Processo Penal de emergência*. Rio de Janeiro: Lumen Juris, 2002.

CLEINMAN, Beth. A esquerda punitiva: entrevista com Maria Lúcia Karam. *Revista de Estudos Criminais*, Sapucaia do Sul, n. 1, 2001.

COUTINHO, Jacinto Nelson de Miranda. A crise da segurança pública no Brasil. In: BONATO, Gilson (org.). *Garantias constitucionais e Processo Penal*. Rio de Janeiro: Lumen Juris, 2002 a.

————. Glosas ao verdade dúvida e certeza, de Francesco Carnelutti, para os operadores do direito. In: HERRERA FLORES, Joaquín; SÁNCHEZ RUBIO, David; CARVALHO, Salo de (orgs.). *Anuário Ibero-Americano de Direitos Humanos*. Rio de Janeiro: Lumen Juris, 2002 b.

————. Efetividade do Processo Penal e golpe de cena: um problema às reformas processuais. In: WUNDERLICH, Alexandre (org.). *Escritos de Direito e Processo Penal em homenagem ao Professor Paulo Cláudio Tovo*. Rio de Janeiro: Lumen Juris, 2002 c.

————; CARVALHO Edward. Teoria das janelas quebradas: e se a pedra vem de dentro? *Revista de Estudos Criminais*, Sapucaia do Sul, n. 11, 2003.

DIAS, Jorge de Figueiredo. *Questões fundamentais do Direito Penal*. São Paulo: Revista dos Tribunais, 1999.

FERNANDES, Antonio Scarance. *Processo Penal Constitucional*. 4. ed. rev., atual. e ampl. São Paulo: Revista dos Tribunais, 2005.

FERRAJOLI, Luigi. *Direito e razão*: teoria do garantismo penal. São Paulo: Revista dos Tribunais, 2002.

————. A pena em uma sociedade democrática. *Discursos sediciosos*: crime, direito e sociedade, Rio de Janeiro, n. 12, 2002.

FERRI, Enrico. *Princípios de Direito Criminal*: o criminoso e o crime. 2. ed. Campinas: Bookseller, 2003.

FIGUEIREDO DIAS, Jorge de. *Direito Processual Penal*. v. 1. Coimbra: Coimbra, 1974.

FRAGOSO, Heleno Cláudio. *Lições de Direito Penal*: parte geral. Rio de Janeiro: Forense, 2003.

GALLARDO, Helio. Derechos discriminados y olvidados. In: SÁNCHEZ RUBIO, David; HERRERA FLORES, Joaquín; CARVALHO, Salo de (orgs). *Direitos Humanos e globalização: fundamentos e possibilidades desde a Teoria Crítica*. Rio de Janeiro: Lumen Juris, 2004.

GARCIA, Basileu. *Instituições de Direito Penal*. v. 1. t. 1. 4. ed. São Paulo: Max Limonad, 1975.

GAUER, Ruth M. Chittó. Alguns aspectos da fenomenologia da violência. In: GAUER, Ruth M. Chittó; GAUER, Gabriel J. Chittó (orgs.). *A Fenomenologia da violência*. Curitiba: Juruá, 2003.

GERBER, Daniel. Direito Penal do Inimigo: Jackobs, nazismo e a velha estória de sempre. In: SCHMIDT, Andrei Zenkner (org.). *Novos rumos do Direito Penal contemporâneo*. Rio de Janeiro: Lumen Juris, 2006.

GOMES, Luiz Flávio. *Norma e bem jurídico no Direito Penal*. São Paulo: Revista dos Tribunais, 2005.

HASSEMER, Winfried. *Introdução aos fundamentos do Direito Penal*. Trad. de Pablo Rodrigo Alflen da Silva. Porto Alegre: Sergio Antonio Fabris Editor, 2005.

————; MUÑOZ CONDE, Francisco. *Introducción a la Criminología*. Valencia: Tirant lo Blanch, 2001.

HEGEL, G. W. F. *Princípios da Filosofia do Direito*. São Paulo: Martins Fontes, 1997.

HEGEL, Georg Wilhelm Friederich. *Princípios da Filosofia do Direito*. Trad. de Orlando Vitorina. São Paulo: Martins Fontes, 2000.

HERRERA FLORES, Joaquín. *Hacia una visión compleja de los derechos humanos*. In: HERRERA FLORES, Joaquín (org.). *El vuelo de anteo: derechos humanos y crítica de la razón liberal*. Bilbao: Desclée, 2000.

————. Prestación. In: HERRERA FLORES, Joaquín; SÁNCHEZ RUBIO, David; CARVALHO, Salo de (orgs.). *Anuário Ibero-Americano de Direitos Humanos (2001/2002)*. Rio de Janeiro: Lumen Juris, 2002.

HUNGRIA, Nelson. *Comentários ao Código Penal*. v. 1. t. 1. Rio de Janeiro: Forense, 1958.

ILANUD. A lei de crimes hediondos como instrumento de política criminal. *Revista Ultima Ratio*. Rio de Janeiro, ano 1, p. 3-72, 2006.

JAKOBS, Günther; CANCIO MELIÁ, Manuel. *Direito Penal do Inimigo*: noções e críticas. Trad. de André Luís Callegari e Nereu José Giacomolli. Porto Alegre: Livraria do Advogado, 2005.

JESCHECK, Hans Heinrich. *Tratado de Derecho Penal*: parte general. Trad. de Santiago Mir Puig e Francisco Muñoz Conde. v. 1, Barcelona: BOSCH Casa Editorial S. A., 1981.

KARAM, Maria Lúcia. A esquerda punitiva. *Discursos sediciosos*: crime, direito e sociedade. Rio de Janeiro, Instituto Carioca de Criminologia, n. 1., p. 80-81, 1996.

LEONE, Giovanni. *Tratado de Derecho Procesal Penal*. Trad. de Santiago Sentís Melendo. t. 1. Buenos Aires: Edicciones Jurídicas Europa – América, 1989.

LISZT, Franz von. *Tratado de Direito Penal allemão*. Prefácio de Edson Carvalho Vidigal. Trad. de José Hygino Duarte Pereira. Ed. fac-sim. Brasília: Senado Federal, Conselho Editorial: Superior Tribunal de Justiça, 2006.

LOBROSO, Cesare. *O homem delinqüente*. Porto Alegre: Lenz, 2001.

LOPES JÚNIOR. Aury. *Introdução crítica ao Processo Penal* (fundamentos da instrumentalidade garantista). Rio de Janeiro: Lumen Juris, 2004.

————. Violência urbana e Tolerância Zero: verdades e mentiras. Disponível em: *http://www.aurylopes.com. br/artigos.html*. Acesso em 10 de julho de 2006.

LUISI, Luiz. *O tipo penal e a teoria finalista da ação*. Dissertação apresentada à Faculdade de Direito da Universidade do Rio Grande do Sul para a livre docência da cadeira de Direito Penal. Composto e impresso na Gráfica Editora A Nação S.A. Porto Alegre. s.d.

MANZINI, Vicenzo. *Tratado de Derecho Procesal Penal*. Trad. de Santiago Sentís Melendo y Mariano Ayerra Redín. Buenos Aires: Edicciones Jurídicas Europa – América, 1951.

MARQUES, José Frederico. *Tratado de Direito Penal*. v. 3. Campinas: Millennium, 1999.

————. *Tratado de Direito Penal*. v. 2. Campinas: Bookseller, 1997.

————. *Elementos de Direito Processual Penal*. v. 1. 2. ed. Rio de Janeiro: Forense, 1965.

MONGRUEL, Ângela de Quadros. Criminalidade: um problema socialmente construído. In: ANDRADE, Vera Regina Pereira de. *Verso e reverso do controle penal*: (des)aprisionando a sociedade da cultura punitiva. Florianópolis: Fundação Boiteux, 2002.

MUÑOZ CONDE, Francisco. *Direito Penal e controle social*. Tradução: Cíntia Toledo Miranda Chaves. Rio de Janeiro: Forense, 2005.

NORONHA, Edgard Magalhães. *Curso de Direito Processual Penal*. 7. ed. São Paulo: Saraiva, 1974.

OLIVEIRA, Marco Aurélio Moreira de. Crimes de perigo abstrato. *Revista de Estudos Criminais*. Sapucaia do Sul, n. 15, 2004.

PASTANA, Débora Regina. *Cultura do medo*: reflexões sobre a violência criminal, controle social e cidadania no Brasil. São Paulo: Método, 2003.

POLÍTICA CRIMINAL E DIREITOS HUMANOS

PRADO, Geraldo. *Elementos para uma análise crítica da transação penal*. Rio de Janeiro: Lumen Juris, 2003 a.

———. *Processo penal e estado de direito no Brasil: considerações sobre a fidelidade do juiz à lei penal*. In: Revista de Estudos Criminais nº. 14. Sapucaia do Sul: Nota Dez, 2004.

PRADO, Luiz Régis. Teoria dos fins da pena: breves reflexões. *Ciências Penais: Revista da Associação Brasileira de Professores de Ciências Penais*, São Paulo, 2004.

———. *Bem jurídico-penal e Constituição*. 3. ed. São Paulo: Revista dos Tribunais, 2003.

REALE JÚNIOR, Miguel. Insegurança e Tolerância Zero. *Revista de Estudos Criminais*. Sapucaia do Sul, n. 9, 2003.

ROXIN, Claus. *Derecho Penal*: parte general. Madrid: Civitas, 1997.

SÁNCHEZ RUBIO, David. Acerca de la democracia y los derechos humanos: de espejos, imágenes, cegueras y oscuridades. In: SÁNCHEZ RUBIO, David; HERRERA FLORES, Joaquín; CARVALHO, Salo de (organizadores). *Anuário Ibero-Americano de Direitos Humanos (2001-2002)*. Rio de Janeiro: Lumen Juris, 2002.

SANTOS, Juarez Cirino dos. Política criminal: realidades e ilusões do discurso penal. *Discursos sediciosos: crime, direito e sociedade*. Rio de Janeiro, Instituto Carioca de Criminologia, n. 12, ano 7, 2002.

———. *Teoria da pena*: fundamentos políticos e aplicação judicial. Rio de Janeiro: Lumen Juris, 2005.

SENENT DE FRUTOS, Juan Antonio. Notas sobre una Teoría Crítica de los Derechos Humanos. In: SÁNCHEZ RUBIO, David; HERRERA FLORES, Joaquín; CARVALHO, Salo de (orgs.). *Anuário Ibero-Americano de Direitos Humanos (2001-2002)*. Rio de Janeiro: Lumen Juris, 2002.

SCHMIDT, Andrei Zenkner. O "direito de punir": revisão crítica. *Revista de Estudos Criminais*. Sapucaia do Sul, n. 9, 2003.

SILVESTRONI, Mariano H. *Teoría constitucional del delito*. Buenos Aires: Editores Del Puerto, 2004.

SOUZA, Paulo Vinícius Sporleder de. *Bem jurídico-penal e engenharia genética humana*: contributo para a compreensão dos bens jurídicos supra-individuais. São Paulo: Revista dos Tribunais, 2004.

STRECK, Lenio. *Tribunal do Júri*: símbolos e rituais. 3. ed. rev., mod. e ampl. Porto Alegre: Livraria do Advogado, 1998.

SUANNES, Adauto. *Os fundamentos éticos do devido Processo Penal*. 2. ed. São Paulo: Revista dos Tribunais. 2004.

TOLEDO, Francisco de Assis. *Princípios básicos de Direito Penal*. 5. ed. São Paulo: Saraiva, 2002.

———. *Princípios básicos de Direito Penal*. 5. ed. São Paulo: Saraiva, 1994.

———. Novos rumos do Direito Penal. *Revista da AJURIS*, anais do curso de Direito Penal, Porto Alegre, 1999.

TOURINHO FILHO, Fernando da Costa. *Processo Penal*. v. 1. 27. ed., rev. e atual. São Paulo: Saraiva, 2005.

TUCCI, Rogério Lauria. *Direitos e garantias individuais no Processo Penal brasileiro*. 2. ed. rev. e atual. São Paulo: Revista dos Tribunais, 2004.

WACQUANT, Loïc. *As prisões da miséria*. Rio de Janeiro: Jorge Zahar, 2001 a.

———. *Punir os pobres*: a nova gestão de miséria nos Estados Unidos. Rio de Janeiro: Instituto Carioca de Criminologia: Freitas Bastos, 2001 b.

———. A tentação penal na Europa. *Discursos Sediciosos: crime, direito e sociedade*. Rio de Janeiro, Instituto Carioca de Criminologia, ano 7, n. 11, 2003 a.

———. A ascensão do Estado penal nos EUA. *Discursos Sediciosos: crime, direito e sociedade*. Rio de Janeiro, Instituto Carioca de Criminologia, ano 7, n. 11, 2003 b.

WEBER, Max. A "objetividade" do conhecimento nas ciências sociais. In: COHN, Gabriel. *Max Weber*. 7. ed. São Paulo: Ática, 2000.

WELZEL, Hans. *Direito Penal*. Trad. de Afonso Celso Rezende. Campinas: Romana, 2004.

WESSELS, Johannes. *Direito Penal* (aspectos fundamentais). Trad. de Juarez Tavares. Porto Alegre: Sergio Antonio Fabris Editor, 1976.

WUNDERLICH, Alexandre. Sociedade de consumo e globalização: abordando a teoria garantista na barbárie. (Re)afirmação dos Direitos Humanos. In: WUNDERLICH, Alexandre; CARVALHO, Salo de (orgs.). *Diálogos sobre a Justiça dialogal*. Rio de Janeiro: Lumen Juris, 2002.

————. A vítima no processo penal. In: WUNDERLICH, Alexandre; CARVALHO, Salo de (orgs). *Novos diálogos sobre os Juizados Especiais Criminais*. Rio de Janeiro: Lumen Juris, 2005.

ZAFFARONI, Eugenio Raúl. *Em busca das penas perdidas*: a perda da legitimidade do sistema penal. 5. ed. Rio de Janeiro: Revan, 2001.

————. *O inimigo no direito penal*. Rio de Janeiro: Revan, 2007.

————; BATISTA, Nilo; ALAGIA, Alejandro; SLOKAR, Alejandro. *Direito Penal Brasileiro: teoria geral do Direito Penal*. 2. ed. v. 1. Rio de Janeiro: Revan, 2003.

————; ALAGIA, Alejandro; SLOKAR, Alejandro. *Derecho Penal:* parte general. Buenos Aires: EDIAR, 2004.

————; PIERANGELI, José Henrique. *Manual de Direito Penal brasileiro*: parte geral. 5. ed. São Paulo: Revista dos Tribunais, 2004.

————. Buscando o inimigo: de Satã ao Direito Penal cool. In: MENEGAT, Marildo; NERI, Regina. *Criminologia e subjetividade*. Rio de Janeiro: Lúmen Juris, 2005.

POLÍTICA CRIMINAL E DIREITOS HUMANOS